KB149183

Digis
Digis
Digis
Digis
Digis
Digis
Digis
Digis
Digis
Digis
Digis
Digis
Digis
Digis
Digis
Digis

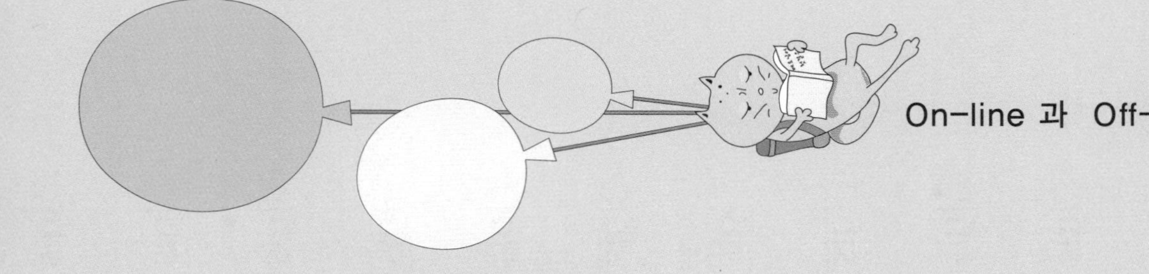

On-line 과 Off-line을 통한 디지털 베트남어 학습 Digis

베트남어 첫걸음

www.donginrang.co.kr

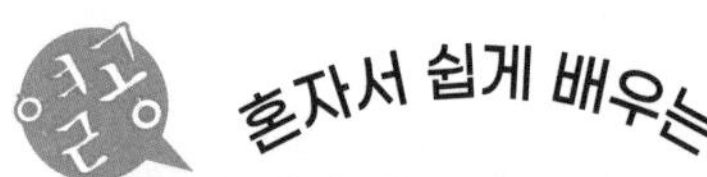

베트남어 첫걸음

저자 Nguyễn Thi Thu Hằng 감수 Lưu Tuấn Anh
10판 1쇄 2024년 8월 1일 발행인 김인숙 발행처 디지스
Editorial Director 김인숙 Cover Design 김미선
Printing 삼덕정판사

139-240
서울시 노원구 공릉동 653-5

대표전화 02-963-2456
팩시밀리 02-967-1555
출판등록 제 6-694호

ISBN 978-89-91064-60-7

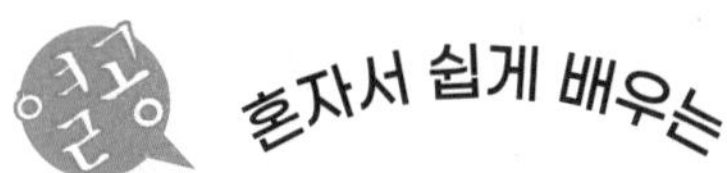

베트남어 첫걸음

_일러두기

1_ 본서에서는 초보자들의 학습을 위해 한글발음을 표기하였다.
최대한 원음에 가깝게 표기하였으나 정확하게 표현하는 데는 한계가 있으므로,
실제 베트남인이 녹음한 발음을 들으며 연습하도록 하자.
특히, 한글발음에는 성조를 따로 표시하지 않았으므로, 항상 발음을 할 때는
성조를 염두에 두고 연습하도록 한다.

2_ 본서는 베트남의 표준어라 할 수 있는 북부발음_ Hà Nội을 중심으로 하였으며,
중요한 단어는 남부발음_Hồ Chí Minh을 ( )안에 함께 표기하였다.

단 'R(r)' 의 경우,

원래 'r'문자 표기는 권설음의 표기인데 베트남어의 경우에는 그렇지 않다.
표준음인 하노이 발음에는 권설음이 없다. 그래서 학교 교재에서는 'r'음이 치경 마찰음인
/z/로 기재되어 있다.
다만, 베트남 중부 및 남부발음 등의 방언에서 'r'의 음은 그대로 권설음 및 탄설음으로
발음된다.
그러나 최근에 많은 지방 사람들이 하노이로 이동하면서 진짜 하노이 토박이를 찾기 힘든
상황에서 하노이 발음과 지방 발음이 혼동하게 되는 부분이 많이 생겨났다.
더욱이 하노이 표준발음쪽으로 변화해야 되는데 오히려 하노이음이 방언화되는 현상이
나타나고 있다. 그래서 북부사람들도 회화에서 이 두 발음을 함께 사용하고 있다.
본서에서는 이 문제점을 생각하여, 주요 한글발음은 하노이 위주로 표기하였으며,
'r'의 경우만 현재 하노이에서도 많이 사용하는 /ㄹ(=ㅈ)/로 표기하였다.

3_ 때로는 문법적인 문장보다는실제
베트남에서 사용되는 구어체식 문장으로
대화문을 구성하고 녹음하였다.

4_ 책의 내용들을 MP3로도 제공하므로,
언제 어디서든지 휴대하여 학습하도록 한다.

머리말

베트남은 동남아시아에 속해 있으며, 남북으로 길게 뻗어 있는 나라로, 현재 정치와 경제, 문화 특히 한류열풍으로 인해 한국과 많은 교류가 이루어지고 있기도 합니다.
양국간에 많은 사람들이 오가고 있으며 이런 이유로 베트남어에 관한 관심도 급속히 늘어나고 있는 실정이죠. 그러나 이런 높은 관심과 필요에도 불구하고 쉽고 재미있게 베트남어를 학습할 수 있는 교재는 턱없이 부족한 것이 또한 사실입니다.

이에 **열공! 베트남어 첫걸음**을 쓰면서 한국인들을 가르치며 배운 노하우와 한국에 살면서 겪은 경험을 토대로 한국인에게 맞는 베트남어 교재를 쓰려고 많은 노력을 하였습니다.

이 책은

1. 현재 베트남에서 사용하는 생생한 표현을 중심으로 베트남어 회화를 배우도록 구성한 책입니다.
   베트남에서 부딪치게 되는 상황에 따라 그와 관련된 풍부한 회화문과 예문을 실으려고 노력하였습니다.
   까다롭고 복잡한 문형은 가급적 피하고 가장 간단하면서도 필수적인 문형이 들어간 회화문을 실었습니다.

2. 회화에 꼭 필요한 핵심적인 문법만을 골라 일러스트로 재미있게 설명하였습니다.

3. 한국어 발음표기를 해놓아 누구라도 쉽게 배울 수 있도록 하였습니다.

4. 베트남에서 통하는 회화 따라하기
   베트남현지인이 녹음한 발음을 들으며 따라서 연습할 수 있도록 하였습니다.

베트남에 갔을 때 현지 사람들과 쉽고 짧고 간단한 회화로 의사소통이 가능하도록 구성한 본 교재를 통하여 베트남어 회화를 보다 쉽고 재미있게 익히길 희망합니다.
끝으로, 감수를 해주신 Lủu Tuần Anh과 녹음을 해주신 Lủu Thi Trang, Huynh Tuần Anh 에게 감사를 드립니다.

이책의 구성과 활용법

오늘날의 베트남어

알파벳과 발음

베트남어의 기본적인 알파벳과 발음을 익히는 코너이다. 영어의 알파벳과 대부분 비슷하게 발음하지만 다른 발음들이 있으므로 주의해서 연습하도록 하자.

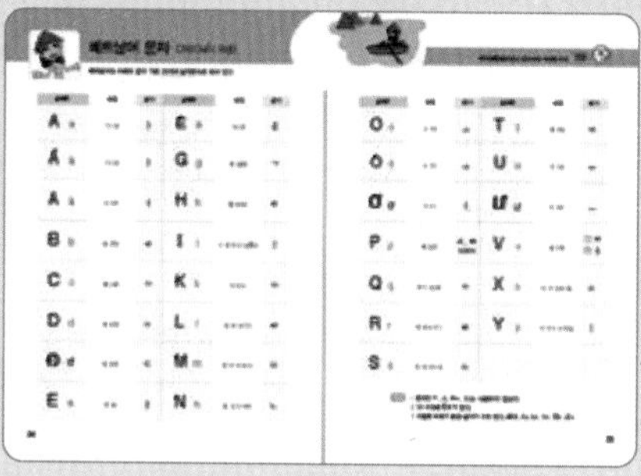

성조

베트남어의 특징인 성조를 베트남인이 녹음한 TAPE를 들으면서 제대로 익혀보자.

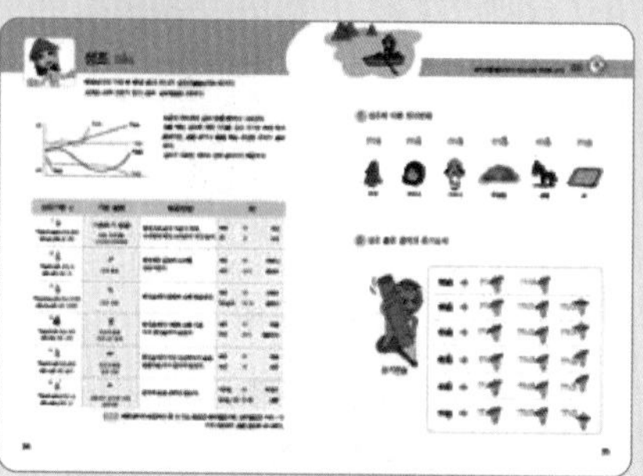

기본회화

왕초보가 쉽게 따라하는 기본회화

왕초보가 쉽게 베트남어에 친숙해질 수 있도록 가장 기본적인 회화문을 구성하였다. 본문을 시작하기 전, 베트남어의 기본회화문을 익혀두면 실제회화에서 다양하게 활용할 수 있다.

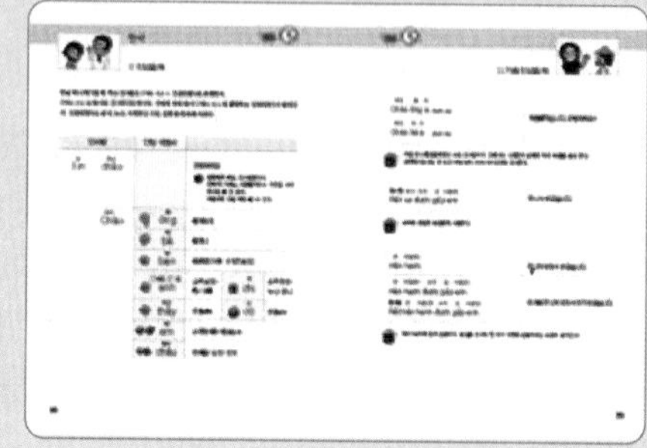

본문

지금 베트남에서 사용하는 아주 쉬운 회화

현재 베트남에서 사용하는 회화문을 위주로 구성하였다.
또한 간단하고 쉬운 문장들로만 구성하여, 처음 배우는 초 보자들도 누구나 쉽게 따라 할 수 있다.

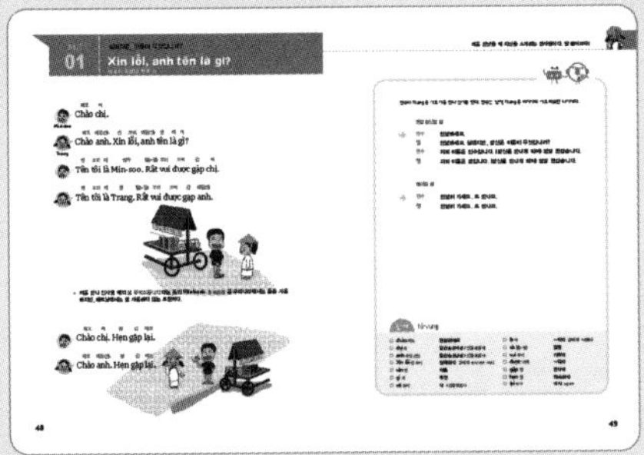

단어

어떤 언어를 공부하든 단어를 익히는 것은 그 언어 학습의 시작이다.
새로 나온 단어들 위주로 수록하였으므로, 본문을 시작하기 전 미리 익히도록 하자.

아주 쉬운 해설

회화에 꼭 필요한 기초 문법들만 알기 쉽게 구성하였다.
필요할 때는 일러스트로 설명하여 이해하기 쉽다.
여기 나오는 문법은 회화에 꼭 필요한 것들이므로 잘 알아두도록 하자.

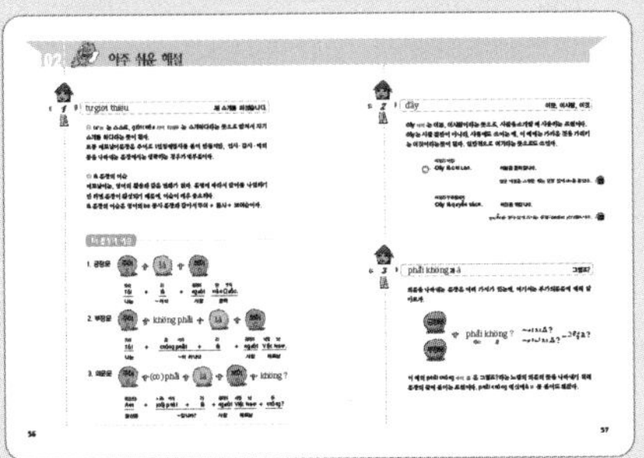

베트남에서 통하는 회화 따라 하기

본문에 나온 문장 중 중요한 문장을 다시 한 번 연습하는 코너이다.
기본 패턴에 다른 단어들을 번갈아 넣어 연습하다보면 저절로 문장의 패턴이 머릿속에 기억될 것이다.

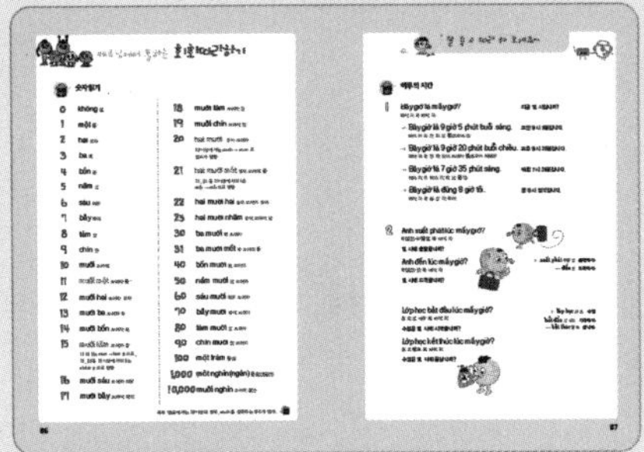

베트남 문화 엿보기

베트남문화를 알면 베트남어가 한결 쉽고 재미있어 진다!
언어는 항상 그 나라의 문화가 살아 숨쉬는 것!
베트남 문화를 모르면 진정한 베트남어를 할 수 없다.
또한, 우리와는 다른 베트남문화를 재미있게 읽어가다 보면 베트남이 한층 가까워질 것이다.

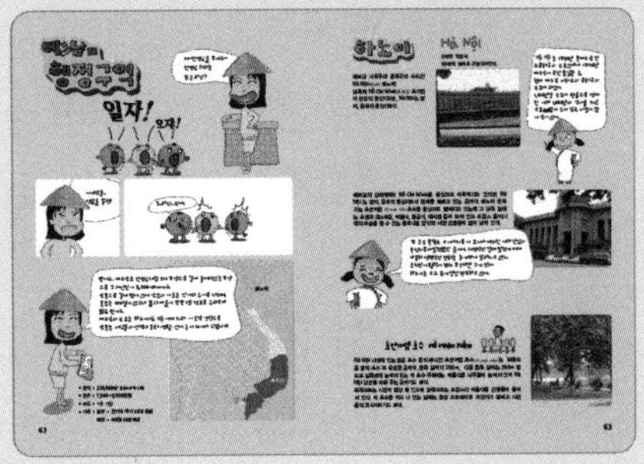

| 차례 |

머리말 -4

이 책의 구성과 활용법 -6

오늘날의 베트남어

베트남어란? -16

표준어와 방언 -17

베트남어의 특징

- 단어 -19
- 문법 -20
- 성조 -21
- 한자어 -22

발음

베트남어의 문자 -24

모음 -26

자음 -29

성조 -34

기본회화

만났을 때 -38

처음 만났을 때 -39

오랜만에 만났을 때 -40

헤어질 때 -41

감사 -42

사과 -43

대답 -44

여러가지 질문과 표현 -45

본문

Bài 01 Xin lỗi, anh tên là gì? 실례지만, 이름이 무엇입니까? -48

Bài 02 Tôi là người Hàn Quốc. 저는 한국사람입니다. -54

베트남의 행정구역-하노이

Bài 03 Dạo này, anh làm gì? 요즘, 무슨 일을 하십니까? -64

Bài 04 Cái này là cái gì? 이것은 무엇입니까? -72

아오자이

Bài 05 Bây giờ là mấy giờ? 지금 몇 시입니까? -80

Bài 06 Hôm nay là ngày mấy? 오늘이 몇 일입니까? -88
기념일
어떻게 설을 맞이하고 있을까

Bài 07 Chị đã kết hôn chưa? 당신은 결혼하셨습니까? -100
생활예절

Bài 08 Khi rảnh, chị thường làm gì? 한가할 때, 주로 무슨 일을 하세요? -110
열대과일

Bài 09 Cô đi thẳng đường này! 이 길로 곧바로 가세요! -120
쇼핑

Bài 10 Anh nói tiếng Việt được không? 베트남어를 말할 수 있습니까? -132

Bài 11 Alô, tôi nghe đây! 여보세요, 접니다! -142

Bài 12 Cái này bao nhiêu tiền? 이것은 얼마입니까? -150
화폐

Bài 13 Anh cho tôi xem thực đơn! 메뉴를 보여 주세요. -164
음식문화

Bài 14 Thời tiết ở đó như thế nào? 그 곳 날씨는 어떻습니까? -176
호치민시

Bài 15 Phòng loại một bao nhiên một đem? 1인실은 하룻밤에 얼마입니까? -186
하롱베이

Bài 16 Hôm nay trông anh có vẻ mệt. 오늘 피곤해 보이네요. -196
교육제도

오늘날의 베트남어

오늘날의 베트남어

베트남어란?

뭐가 보이냐?
뭐? 맛있다고?
아~ 나 멋있다고?
민족1
민족2
민족3

베트남은 많은 민족으로 이루어진 나라로 각 민족마다 고유의 언어를 가지고 있다.

서로 말이 안 통하네~
으~ 안되겠다.
가장 많은 킹족
전 똑 낑
Dân tộc Kinh의
언어로 말하도록
약속하자.

좋아
좋아
한번 해 보지, 머!

과거에는 고유한 문자가 없이 중국의 한문자를 오랫동안 사용하였으며, 10~12세기경에는 고유어를 표기하기 위해 한자에 기초를 둔 쯔놈 **Chữ Nôm** 문자를 만들어 사용 하기도 했다.

저놈?
아니 쯔놈!

오늘날의 문자 **Chữ Quốc Ngữ** 쯔 꾸억 응으는 1651년 프랑스 태생의 카톨릭 신부였던 알렉산드르 드 로드 Alexandre de Rhodes가 베트남어를 로마자로 표기하면서 완성했다.

음.. 어렵군..
여기 집모양
한번 그려 볼까?

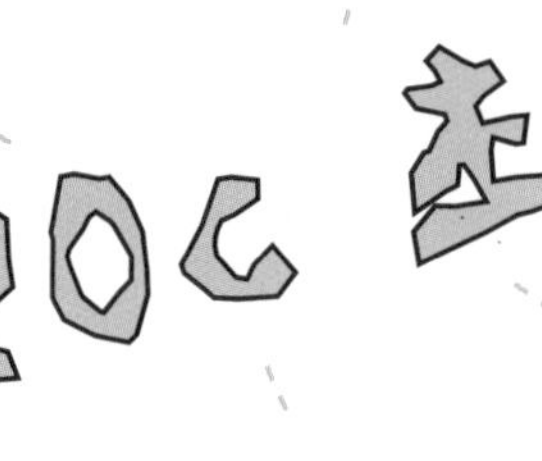
20C 초

열공!

하지만 베트남 학자들의 한문에 대한 숭배 때문에 그 후 오랜 기간 보급되지 않다가 20세기 초, 프랑스가 베트남의 식민 통치를 시작하면서 베트남의 과거 시험을 폐지한 이후 광범위하게 사용되기 시작하였다.

표준어와 방언

베트남에도 방언이 있을까?

당근이지~ 근데 베트남의 수도는 알아?

하노이 아냐?

응~ 맞아~

그럼 하노이 방언이 표준어야?

응, 베트남어의 표준음은 오늘날 베트남 정치의 중심지인 하노이Hà Nội 방언을 언어의 기초로 하고 있으며, 특히 처음 베트남어를 학습하는 사람들은 표준어인 북부발음을 기본으로 학습하는 것이 좋아.

※1975년 베트남 통일이후 하노이 Hà Nội 를 중심으로 한 방언을 베트남 표준어로 보급하려는 노력이 강하게 나타나고 있다.

※이 책은 북부발음을 기초로 하였으며, 필요에 따라 남부발음이나 남부단어를 언급하였다.

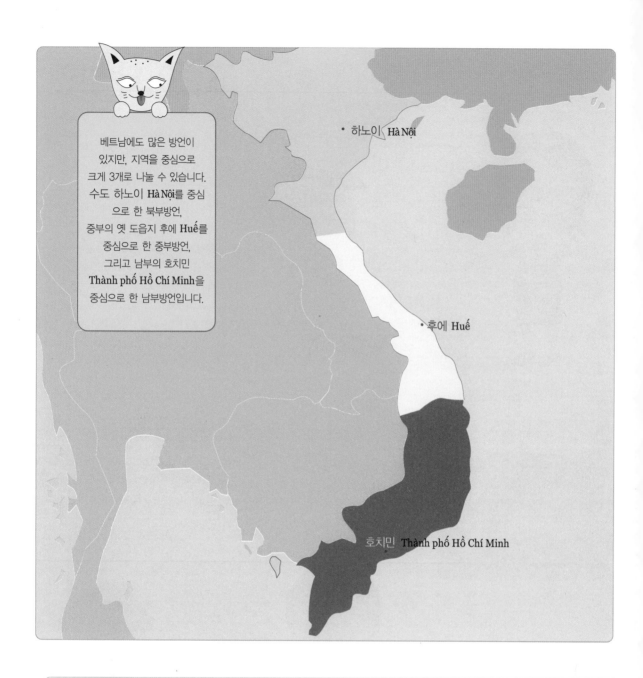

베트남에도 많은 방언이 있지만, 지역을 중심으로 크게 3개로 나눌 수 있습니다. 수도 하노이 **Hà Nội**를 중심으로 한 북부방언, 중부의 옛 도읍지 후에 **Huế**를 중심으로 한 중부방언, 그리고 남부의 호치민 **Thành phố Hồ Chí Minh**을 중심으로 한 남부방언입니다.

• 하노이 **Hà Nội**

• 후에 **Huế**

호치민 **Thành phố Hồ Chí Minh**

이들 발음 중 남부발음중부발음과 북부발음은 어휘나 성조 등에 차이가 있지만, TV·신문·라디오 등의 영향으로 베트남의 어느 지역의 언어를 사용하여도 서로 의사가 통하지 않는 경우는 없어.

베트남어의 특징 단어

▷▶ 중국어와 같이 단음절단어가 기본을 이룬다. 고유어와 외래어로 되어 있다.

오~싸리씨!! cảm ơn!! cảm ơn!!
트맨아~ 발렌타인데이 선물이야~

일반적인 형태는

모음어: ừ 어_대답할 때 동의하는 뜻

À 아_어떤 문제를 이해할 때

자음 + 모음 ▶ mẹ 매_어머니, bố 보_할아버지

모음 + 자음 ▶ ăn 안_먹다, ông 옹_할아버지, em 앰_동생

자음 + 모음 + 자음 ▶ lớn 런_크다, hôn 혼_키스

두음절:

chúng tôi 쭝 또이_우리, cảm ơn 깜언_감사하다

★ 이런 경우 한 음절씩 띄어 쓰면 됩니다.

깜언? 나보고.. 오라고??

ㅋ~ 베트남어로 고맙다는 뜻이야~ 베트남의 단어는 하나의 음이 한단어를 이루고 있지.

아~ 그럼 'cảm ơn'이 라는 말도 두음절로 구성된 단어구나!
그렇지~

고유어는 감각어와 상징어가 크게 발달되어 있는데 미세한 감각의 차이에 따라 어휘를 분화시켜 다양하게 표현된다.

감각어 상징어

외래어는 70%를 차지하는 중국한자어를 비롯하여 캄보디아어, 태국어 이외에 서양과 접촉하면서 프랑스어, 영어에 기원을 두고 있는 단어들이 많다.

역사가 오래된 외래어 중에는 마치 고유어처럼 쓰이게 된 단어들도 많다.

문법

▷▶ 어순이 매우 중요하다.

주어 + 서술어 + 목적어

자~ 줄을 서세요~
줄!! 줄 틀리면 큰일나요~~~

네!!
네!!
네!!

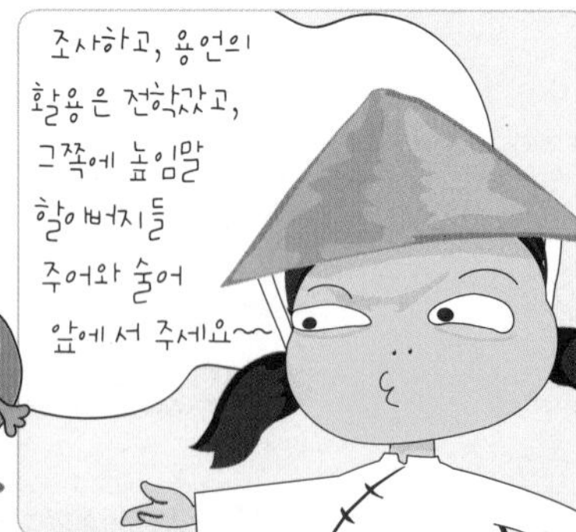

조사하고, 용언의 활용은 전학갔고, 그쪽에 높임말 할아버지들 주어와 술어 앞에서 주세요~~

어이구~ 나이를 먹어서 힘들군.

베트남어는 높임말을 표현하는 법이 발달되어 있지 않아서 별도의 단어를 문장의 맨 앞이나 술어 앞에 써서 표현한다.
높임말
높임말
주어
서술어
목적어

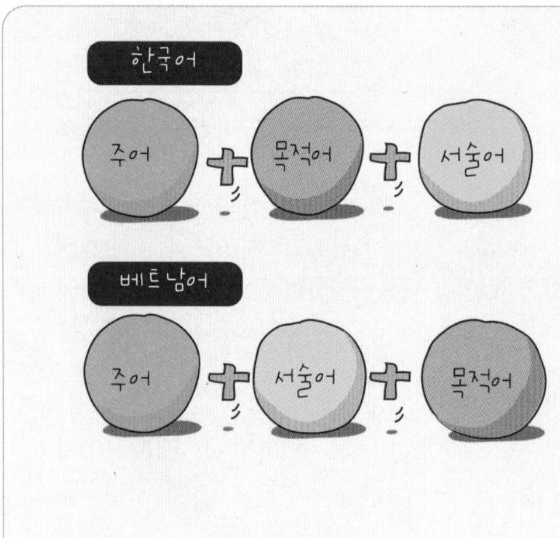

한국어
주어 + 목적어 + 서술어
베트남어
주어 + 서술어 + 목적어
문장은 영어와 비슷하게 주어-서술어-목적어의 어순語順 이 나타나요. 우리말의 주어-목적어-서술어의 어순과 비교되죠? 아까 주어와 서술어 목적어 줄을 잘 서라고 한 이유도 여기에 있어요~ 문법관계를 어순이 나타내 주기 때문에 어순語順 이 매우 중요하답니다.

성조

▷▶ 베트남어는 성조어이다.

베트남어는 어려워~
어려워~

말에 성조가 있어서 그래~
모두 6개의 성조를 갖고 있지.
그래서 같은 발음이더라도
성조가 다르고 단어의 뜻이
달라지니깐 어쩔수가 없오~

그리고 그 성조는 알파벳 모음에
`, ´, ?, ~, · 등으로 표시하고 있어

음- 열라 열공 해서
베트남어를 마스터 하리랏!!
열공!!

열공!

이 책과 함께 제공되는 베트남현지인이 녹음한 Tape를 듣고 따라하며, 성조를 익히도록 하자.

한자어

▷▶ 한자어와 그 발음이 유사하다.

사리야~
열공 잘하고 있어?
중국은 역시
많은 나라에
영향을 준
국가지?

오늘날 베트남의
약 60%가 한자어거든.
이들 한자어는 그 발음이
중국 장안_長安의
방언을
갖고 있어.

아하! 그럼 우리말의 한자어와
그 발음이 유사하겠네~

맞아~ 그러니깐
베트남 단어를 익힐때
우리말의 한자음과
비교하면서
배우면
더 쉬워~

예를 들어.

	우리말 발음	베트남어 발음	중국어 발음
政治	정치	**찡 찌**	쩡즈
經濟	경제	**낑 떼**	찡지
社會	사회	**싸 호이**	셔훼이

그럼 베트남
사람들은 한자를
잘 알겠다~

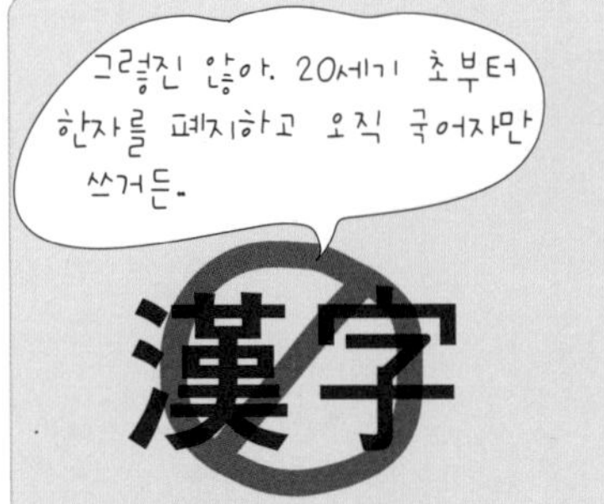
그렇진 않아. 20세기 초부터
한자를 폐지하고 오직 국어자만
쓰거든.
漢字

오늘부터
한자어도
공부해야지~

발음

베트남어의 기본적인 알파벳과 발음을 익히는 코너이다.
영어의 알파벳과 비슷하게 발음하지만 다른 발음들이 있으므로 주의해서 연습하도록 하자.

제공되는 MP3 와 TAPE를
이용해서 반복해 주세요~

베트남어 문자 Chữ Quốc Ngữ

베트남어는 아래와 같이 기본 29개의 알파벳으로 되어 있다.

알파벳	명칭	음가	알파벳	명칭	음가
A a	아 [a]	ㅏ	Ê ê	에 [ê]	ㅔ
Ă ă	아 [á]	ㅏ	G g	제 [giê]	ㄱ
Â â	어 [ớ]	ㅓ	H h	할 [hát]	ㅎ
B b	베 [bê]	ㅂ	I i	이 응안 [I ngắn]	ㅣ
C c	쎄 [xê]	ㄲ	K k	까 [ca]	ㄲ
D d	제 [dê]	ㅈ	L l	앨 러 [e lờ]	ㄹ
Đ đ	데 [đê]	ㄷ	M m	앰 머 [e mờ]	ㅁ
E e	애 [e]	ㅐ	N n	엔 너 [e nờ]	ㄴ

테이프를 들으면서 큰소리로 따라해 보자. 1-A Track 1

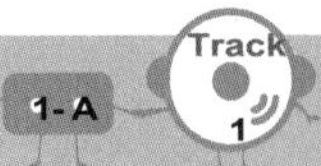

알파벳	명칭	음가	알파벳	명칭	음가
O o	오 [o]	ㅗ	T t	떼 [tê]	ㄸ
Ô ô	오 [ô]	ㅗ	U u	우 [u]	ㅜ
Ơ ơ	어 [ơ]	ㅓ	Ư ư	으 [ư]	ㅡ
P p	뻬 [pê]	ㅂ, ㅃ (외래어)	V v	베 [vê]	북 ㅂ 남 ㅑ
Q q	꾸이 [qui]	ㄲ	X x	익 씨 [ích xì]	ㅆ
R r	애 러[e rờ]	ㄹ	Y y	이 자이 [y dài]	ㅣ
S s	앳 씨 [ét sì]	ㅆ			

주의 1 영어의 Ff, Jj, Ww, Zz는 사용하지 않는다.
2 Dd 이외에 Đđ 가 있다.
3 모음에 부호가 붙은 글자가 6개 있다. Ăă, Ââ, Êê, Ôô, Ơơ, Ưư

모음 Nguyên âm

베트남어의 모음은 모두 12자이다.

1 단모음

단모음은 기본모음 A, E, I, (Y), O, U 와 기본모음을 변형시킨 Ă, Â, Ê, Ô, Ơ, Ư 등의 변모음을 합쳐 모두 11개 음(발음상 I=Y임)이다. 이들 모음의 발음은 북부나 남부에 상관없이 모두 같다.

a · ă · â · e · ê · i · y · o · ô · ơ · u · ư

A a

우리말의 아음과 비슷하다.

- an 안 편안하다
- làm 람 ~을 하다

Ă ă

a음과 같은 위치에서 발음되지만 a보다 짧게 발음한다.
항상 끝자음과 결합된다.

- ăn 안 먹다
- đắt 닫 값이 비싸다

Â â

우리말의 어음의 짧은 음이다.
항상 끝자음과 결합한다.

- dân tộc 전 똑 민족
- dấu 저우 성조

E e

우리말의 애와 비슷한 음이지만 매우 높은 곳에서
소리 나고 애보다 상당히 입을 적게 벌려 발음한다.

- em 앰 동생
- mèo 매오 고양이

테이프를 들으면서 큰소리로 따라해 보자. 1-A Track 1

Ê ê

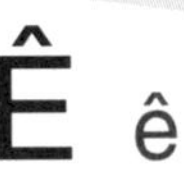

우리말의 **에**와 비슷한 모음이지만 역시 조금 높은 곳에서 소리나고 **에**보다 약간 입을 적게 벌려 발음한다.

- **êm** 엠 부드럽다
- **đêm** 뎀 밤중

I i

우리말의 **이**와 비슷하다.

- **in** 인 인쇄하다
- **ít** 잍 조금, 적은

Y y

위의 I와 같은 모음이지만 길게 발음한다.

- **yêu** 이에우 사랑하다
- **yên** 이엔 조용하다

O o

우리말에 없는 모음이다.
우리말의 **오**음을 입을 크게 벌려 발음한다.

- **cho** 쪼 주다
- **học** 혹 배우다
- **họ** 호 그들

Ô ô

우리말의 **오**와 비슷하다.

- **sống** 쏭 살다
- **ông** 옹 할아버지
- **tốt** 똩 좋다

Ơ ơ

우리말의 **어**와 비슷하다.

- **cơm** 껌 밥
- **mới** 머이 새로운

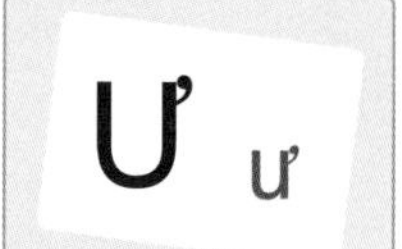

U u

우리말의 **우**와 비슷하다.

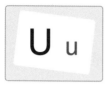

- **đúng** 둥　정확한
- **mua** 무아　사다

Ư ư

우리말의 **으**와 비슷하다.

- **nhưng** 능　그러나
- **chưa** 쯔어　했습니까? 아직…..않다

2 복모음

모음은 형태상으로는 단모음이외에 2중모음 또는 3중모음이 있다.
그러나 발음상으로는 2중모음만이 존재한다.

♦ 2중모음

- **ai** 아이　누구
- **eo** 애오　허리

♦ 3중모음

- **oai** 오아이　당당하다
- **yêu** 이에우　사랑하다

자음 Phụ âm

베트남어의 자음은 단자음과 복자음(2문자, 3문자)이 있다.

단자음	복자음	단자음	복자음
b		n	nh ng ngh
c	ch	p	ph
d		q	qu
đ		r	
g	gh	s	
h		t	th tr
k	kh	v	
l		x	
m			

1 단자음

b

우리말의 ㅂ과 비슷하다.

- bệnh 벤 병病
- bia 비아 맥주

c

우리말의 ㄲ과 비슷하다.
단, 끝자음으로 올 때는 우리말의 ㄱ과 비슷하다.

- có 꼬 있다
- ác 악 사악하다

d(gi-r)

북 우리말의 ㅈ음과 비슷하다. r은 ㅈ(=ㄹ)음과 비슷하다
남 d와 gi는 영어의 y 즉, 우리말의 반모음 야와 비슷하다.

- da 자 피부
- gia đình 자 딩 가족

đ	우리말의 ㄷ과 비슷하다. ▶ 대문자는 Đ로 표기한다.	• đêm 뎀 밤夜 • đẹp 댑 아름다움
g	우리말의 ㄱ과 비슷하다. 모음 e, ê, i 앞에서는 gh로 표기한다. 발음상의 차이는 없다.	• gà 가 닭 • ghi 기 쓰다書
h	우리말의 ㅎ과 비슷하다.	• hôn 혼 키스하다 • hoa hồng 호아 홍 장미꽃
k	우리말의 ㄲ과 비슷하다. c, q와 발음이 같다.	• kéo 깨오 가위 • kêu 께우 부르다
l	우리말의 ㄹ 즉 '신라'의 ㄹ과 비슷하다.	• lòng 롱 마음 • làm 람 ~하다, 만들다
m	우리말의 ㅁ과 비슷하다.	• ma 마 귀신 • mẹ 매 어머니

n

우리말의 ㄴ과 비슷하다.

- **nóng** 농 덥다
- **no** 노 배부르다

p

우리말의 ㅂ과 비슷하며, 외래어의 경우를 제외하고 항상 끝자음(받침)으로만 쓰인다.

- **bếp** 벱 부엌
- **tập trung** 떱 쭝 집중하다

q

우리말의 ㄲ과 비슷하다.
c, k와 발음이 같으며, qu의 경우는 [kw]로 발음된다.

- **quê** 꾸에 고향
- **quá** 꾸아 너무

r

우리말의 ㄹ(=ㅈ)과 비슷하다.

- **rất** 럳(=젇) 아주, 매우
- **rượu** 르어우(=즈어우) 술
- **ra** 라(=자) 나오다

s

우리말의 ㅆ과 비슷하다. 즉, x[s]음이다.

- **sinh** 씽 태어나다
- **sáng** 쌍 아침

t

우리말의 ㄸ과 비슷하며, 약하고 짧게 발음한다.

- **tôn trọng** 똔 쫑 존중하다
- **tàu hỏa** 따우 호아 기차

북 우리말의 ㅂ과 비슷하며, 영어의 v[v]음이다.
남 반모음 y[j]로 발음한다.

- vui vẻ 북 부이 배 즐겁다
  남 우이 얘
- Việt Nam 북 비엘남 베트남
  남 이엘남

우리말의 ㅆ과 비슷하다.

- Xa 싸 멀리 있다
- xanh 싸잉 푸른
- xã hội 싸 호이 사회

2 복자음과 주의해야 할 발음

ch, tr

우리말의 ㅉ과 비슷하지만, 혀끝을 말아 입천장에 붙였다가 떼면서 소리를 내는 권설음이다.

- trời 쩌이 하늘
- chết 쩯 죽다

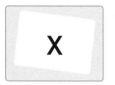

gh (g)

gh + e · ê · i

우리말의 ㄱ과 비슷하다. 자음 g와 gh에 따라 철자만 다를 뿐, 발음에 있어서는 차이가 없다.

- ghi 기 쓰다
- ga 가 역
- ghế 게 의자

gi

우리말의 ㅈ와 비슷하며, 영어발음의 z[z]음과 같다.

- giỏi 조이 잘하다
- già 자 늙다

kh

우리말의 ㅋ와 비슷하지만 실제로 성문이 닫히지 않는다.

- khó 코 어렵다
- khác 칵 다르다

ng (ngh)

ngh + e · ê · i

자음 ng와 ngh는 뒤에 오는 모음에 따라 철자만 다를 뿐, 발음에 있어서는 차이가 없다.

- ngon 응온 맛있다
- nghe 응애 듣다

nh

우리말에 없는 자음이다. 우리말의 니와 가장 비슷하지만, 뒤에 오는 모음의 영향을 받아 반모음화된다. 특히 앞에 a가 오면 발음이 달라진다.

- nhà 냐 집
- anh 북 아잉 당신남성호칭
  남 안

ph

우리말에 없는 음으로 영어의 f발음이다.

- phải 파이 ~해야 한다
- phút 풋 분分

qu (k, c)

우리말의 ㄲ과 비슷하다. k, c와 발음이 같다.

- hoa quả 호아 꾸아 과일
- quyết định 꾸웻 딩 결정하다

th

우리말의 ㅌ와 비슷하다.

- thích 틱 좋아하다
- thế giới 테 저이 세계

성조 Dấu

베트남어의 가장 큰 특징 중의 하나가 성조어聲調語라는 점이다.
성조는 모두 6개가 있다. 중부 · 남부발음은 5개이다

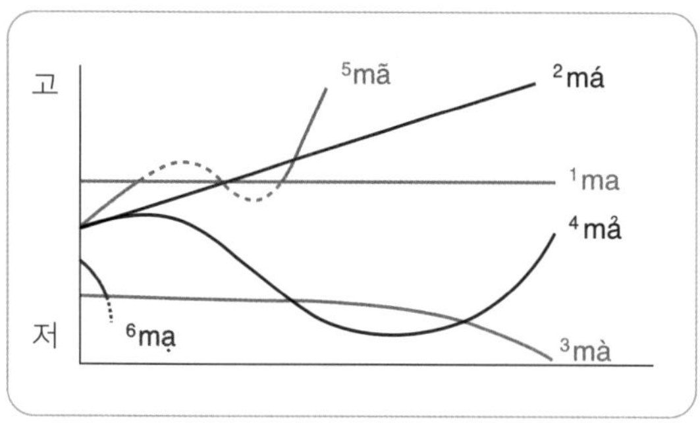

모음의 위아래에 성조기호를 붙여서 나타낸다.
읽을 때는 성조에 대한 지식을 갖고 있기만 하면 뜻이 통하지만, 말을 하거나 들을 때는 세심한 주의가 필요하다.
성조가 다르면 의미도 전혀 달라지기 때문이다.

성조기호 a	기호 설명	발음방법	예
1 a Thanh ngang 타잉 응앙 không dấu 콩 저우	기호표기 없음 오름, 내림없음 변화없고단조로움	평성으로 음의 기준이 되며, 우리말의 평상 소리보다 약간 높다.	ma 마 귀신 đi 디 가다
2 á Thanh sắc 타잉 싹 dấu sắc 저우 싹	´ 길게 올림	평성에서 급속히 소리를 상승시킨다.	má 마 어머니 nói 노이 말하다
3 à Thanh huyền 타잉 후위엔 dấu huyền 저우 후위엔	` 길게 내림	중간음에서 천천히 낮게 발음한다.	mà 마 그러나 bà già 바 자 할머니
4 ả Thanh hỏi 타잉 호이 dấu hỏi 저우 호이	? 내렸다 올림 자연스런 골곡	중간음에서 아래로 낮춘 다음 다시 중간음까지 올린다.	mả 마 무덤 hỏi 호이 질문하다
5 ã Thanh ngã 타잉 응아 dấu ngã 저우 응아	~ 내렸다 올림 성대 긴장	중간음에서 약간 상승하다가 음을 멈춘다음 다시 급격히 높인다.	mã 마 말馬 mỹ 미 미국
6 ạ Thanh nặng 타잉 낭 dấu nặng 저우 낭	• 낮은데서 급격히 내림 성대긴장	급격히 음을 낮추고 끊는다.	nặng 낭 무겁다 tặng vật 땅 벋 선물

주의 베트남어의 표준어라 할 수 있는 발음은 북부발음이며, 남부발음은 ? 와 ~ 가 거의 구분되지 않을 정도로 유사하다.

테이프를 들으면서 큰소리로 따라해 보자.

1 성조에 따른 의미변화

ma	má	mà	mả	mã	mạ
마귀	어머니	그러나	무덤墓	말馬	모

2 성조 붙은 글자의 표기순서

쓰기연습

ma → m ma

má → m ma má

mà → m ma mà

mả → m ma mả

mã → m ma mã

mạ → m ma mạ

성조연습

테이프를 들으면서 큰소리로 따라해 보자.

아래의 단어들을 성조에 따라 발음해보자!

ma	má	mà	mả	mã	mạ
마귀	어머니	그러나	무덤墓	말馬	논, 밭

ta	tá	tà	tả	tã	tạ
나 (자기)	12개	늦은 오후	묘사하다	아이들의 속옷	100kg

mo	mó	mò	mỏ	mõ	mọ
뜻이 없음	만지다	손으로 더듬다	광산	목탁	뜻이 없음

qui	quí	quì	quỉ	quĩ	quị

규칙	귀중하다	무릎 꿇다	귀신	회비	푹 쓰러지다

기본 회화

왕초보가 쉽게 베트남어에 친숙해질 수 있도록 상황에 따른 기본회화문을 구성하였다. 본문을 시작하기 전, 베트남어의 기본회화문을 익혀두면 실제회화에서 다양하게 활용할 수 있다.

인사

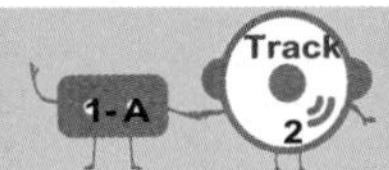

01 만났을 때

만날 때나 헤어질 때 하는 인사말은 Chào 짜오 + 인칭대명사로 표현한다.
Chào 짜오 는 동사로 인사하다의 뜻이다. 상대에 따라 동사 Chào 짜오 와 결합하는 인칭대명사가 달라진다. 인칭대명사는 남녀, 노소, 사회적인 지위, 연령 등에 따라 다르다.

인사말	인칭 대명사			
씬 Xin 짜오 chào		안녕하세요. 정중하게 하는 인사표현이다. 친하게 지내는 사람들끼리나 가까운 사이에서는 잘 안 쓴다. 처음으로 만날 때도 쓸 수 있다.		
짜오 Chào	옹 ông	할아버지		
	바 bà	할머니		
	반 bạn	동년배 [이름 : 친해졌을 때]		
	북 아잉 남 안 anh	손위 남자 / 형 / 오빠	찌 chị	손위 여자 / 누나 / 언니
	터이 thầy	선생님男	꼬 cô	선생님女
	앰 em	손아랫사람 / 동생남,여		
	짜우 cháu	아이들 / 손자 / 조카		

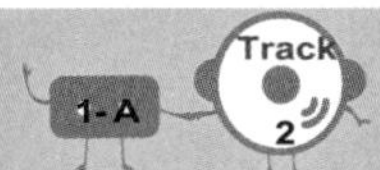

02 처음 만났을 때

짜오 옹 아 Chào ông ạ. 연상의 남성 짜오 바 아 Chào bà ạ. 연상의 여성	처음뵙겠습니다, 안녕하세요?

처음 만나 통성명하면서 쓰는 인사말이다. 앞에서도 나왔듯이 상대에 따라 호칭을 달리 한다. 남부에서는 ạ는 안 쓰고 chào anh, chào em만으로 인사한다.

럳(=절) 부이 드억 갑 아잉(안) Rất vui được gặp anh.	만나서 반갑습니다.

anh은 연상의 남성에게 사용한다.

헌 하잉(한) Hân hạnh.	만나게 되어서 반갑습니다.
헌 하잉(한) 드억 갑 아잉(안) Hân hạnh được gặp anh. 럳(=절) 헌 하잉(한) 드억 갑 아잉(안) Rất hân hạnh được gặp anh.	당신을 만나게 되어서 아주 반갑습니다.

hân hạnh의 뜻이 영광이다. 당신을 만나게 된 것이 저한테 영광이라는 속뜻이 담겨있다.

인사

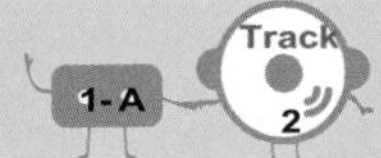

03 오랜만에 만났을 때

아잉(안) 꼬 코애 콩 Anh có khỏe không?	잘 지내세요?(건강히 잘 지내십니까?)

건강상태, 기분 등을 묻는 인사말로 영어의 How are you?에 해당한다.
앞에서도 나왔듯이 상대에 따라 호칭을 달리 한다.

또이 코애 Tôi khỏe.	잘 지냅니다.

Tôi는 나를 가리키는 1인칭 대명사이다.

러우 람 로이(=조이) 머이 갑 아잉(안) Lâu lắm rồi mới gặp anh.	오랜만입니다.

Lâu는 오랫동안, lắm은 매우라는 뜻이다.

러우 꾸아 콩 갑 니 Lâu quá không gặp nhỉ.	오랜만입니다.

친하게 지내는 사람들끼리, 가까운 사이에 쓰는 말이다.
gặp은 만나다라는 뜻이다.

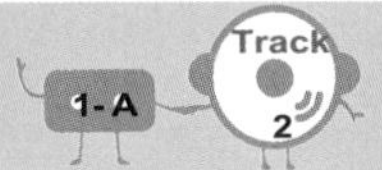

04 헤어질 때

(씬) 땀 비엘 (Xin) Tạm biệt.	안녕히 가세요.

Xin은 정중한 뜻을 나타낸다.
상대방을 가리키는 2인칭 대명사 anh, chị등을 붙이지 않아도 된다.

핸 갑 라이 Hẹn gặp lại.	또 만나요.

···› 누군가를 부를 때

앰 어이 Em ơi! 연하사람에게 아잉(안) 어이 Anh ơi! 연상남자에게	여보세요, 저기요. 누군가를 부를 때

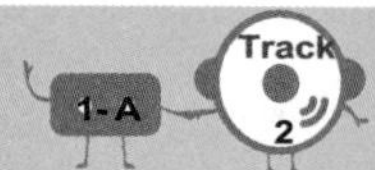

05 감사

베트남 사람들은 고맙습니다라는 말과 미안합니다라는 말을 자주 사용하는데, 거의 생활화되어 있다. 우리말의 죄송합니다에 해당하는 Xin lỗi 씬 로이 와 결합하는 인칭대명사가 달라진다. 인칭대명사는 남녀, 노소, 사회적인 지위, 연령 등에 따라 다르다.

깜 언 Cám ơn! = Cảm ơn!	감사합니다.
럿(=절) 깜 언 Rất cám ơn!	대단히 감사합니다.

Cám ơn!은 영어의 Thank you!에 해당한다.

콩 꼬 지 Không có gì.	천만에요.

감사합니다에 대한 대답이다.

06 사과

씬 로이 **Xin lỗi.**	죄송합니다, 실례합니다.

영어의 Excuse me!, sorry!에 해당한다.

타잉(탄) 텉 씬 로이 **Thành thật xin lỗi.**	정말 죄송합니다.(진심으로 죄송합니다.)

Thành thật은 진심으로, 마음으로부터의 뜻이다.

콩 싸오 **Không sao.**	괜찮습니다.(아무것도 아닙니다.)

죄송합니다에 대한 대답이다.

콩 싸오, 씬 등 로 **Không sao, xin đừng lo.**	괜찮습니다. 걱정하지 마십시오.

기타

01 대답

벙 Vâng.	예.
콩 Không.	아니오.
자(야), 벙 Dạ, vâng.	예, 그렇습니다.
자(야), 콩 Dạ, không.	아니오, 그렇지 않습니다.
꼬 Có.	있습니다.
콩 꼬 Không có.	없습니다.
또이 히에우 Tôi hiểu.	알겠습니다. 영어의 I understand.의 뜻이다.
또이 콩 히에우 Tôi không hiểu.	이해 못 합니다.
또이 비엘 Tôi biết.	알고 있습니다. 영어의 I know.의 뜻이다.
또이 콩 비엘 Tôi không biết.	모릅니다.
또이 람 드억 Tôi làm được.	할 수 있습니다.
또이 콩 람 드억 Tôi không làm được.	할 수 없습니다.

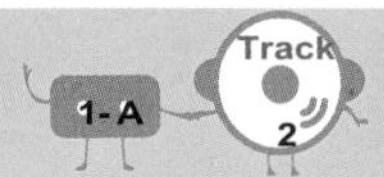

02 여러 가지 질문과 표현

알로 Alô!	여보세요. 전화상에서 사용하는 표현이다.
~더이 ~đây.	접니다. 김 더이 예 Kim đây. 접니다. 상대방이 김씨를 찾을 때의 대답

꼬 렌 Cố lên!	파이팅!

아잉(안) 노이 지 Anh nói gì?	뭐라고요? (다시 한 번 말씀해 주시겠습니까?)

까이 나이 라 까이 지 Cái này là cái gì?	이것은 무엇입니까?

(까이 나이) 바오 니에우 띠엔 (Cái này) bao nhiêu tiền?	(이것은) 얼마입니까? 가격을 물어볼 때 쓰는 말이다.

버이 저 라 머이 저 Bây giờ là mấy giờ?	지금 몇 시입니까?

지금까지 기본회화를
공부했어요. 확실히 끝낸 후,
본문을 시작하도록 합시다!

본문

지금 현재 하노이에서 사용하는 회화문을 위주로 구성하였다.
또한 간단하고 쉬운 문장들로만 구성하여, 처음 배우는 왕초보자들도 누구나 쉽게 따라할 수 있다.

Bài 1
01 실례지만, 이름이 무엇입니까?
Xin lỗi, anh tên là gì?
씬 로이, 아잉(안) 뗀 라 지

Min-soo: 짜오 찌
Chào chị.

Trang: 짜오 아잉(안). 씬 로이, 아잉(안) 뗀 라 지
Chào anh. Xin lỗi, anh tên là gì?

Min-soo: 뗀 또이 라 민수 럳(=젇) 부이 드억 갑 찌
Tên tôi là Min-soo. Rất vui được gặp chị.

Trang: 뗀 또이 라 짱 럳(=젇) 부이 드억 갑 아잉(안)
Tên tôi là Trang. Rất vui được gặp anh.

▶ 처음 만나 인사할 때의 잘 부탁드립니다라는 뜻의 **Hân hạnh.** 헌 하잉(한) 은 우리나라에서는 종종 사용하지만, 베트남에서는 잘 사용하지 않는 표현이다.

Min-soo: 짜오 찌. 핸 갑 라이
Chào chị. Hẹn gặp lại.

Trang: 짜오 아잉(안). 핸 갑 라이
Chào anh. Hẹn gặp lại.

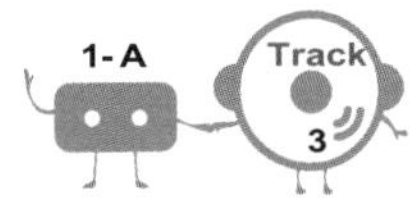

민수와 Trang은 서로 처음 만나 인사를 한다. 민수는 남자, Trang은 여자이며 서로 비슷한 나이이다.

처음 만났을 때

민수	안녕하세요.
짱	안녕하세요. 실례지만, 당신은 이름이 무엇입니까?
민수	저의 이름은 민수입니다. (당신을 만나게 되어) 정말 반갑습니다.
짱	저의 이름은 짱입니다. (당신을 만나게 되어) 정말 반갑습니다.

헤어질 때

민수	안녕히 가세요. 또 만나요.
짱	안녕히 가세요. 또 만나요.

단어

- □ chào 짜오 — 안녕하세요
- □ chị 찌 — 당신손윗여성 2인칭대명사
- □ anh 아잉 (안) — 당신손윗남성 2인칭대명사
- □ Xin lỗi 씬 로이 — 실례하다 영어의 excuse me!
- □ tên 뗀 — 이름
- □ gì 지 — 무엇
- □ tôi 또이 — 나 1인칭대명사
- □ là 라 — ~이다 영어의 be동사
- □ rất 럳(=젇) — 정말
- □ vui 부이 — 기쁘다
- □ được 드억 — ~되다
- □ gặp 갑 — 만나다
- □ hẹn 헨 — 약속하다
- □ lại 라이 — 다시 again

01 아주 쉬운 해설

1 Chào! 안녕하세요!

Chào 짜오 는 동사로서 인사하다의 뜻이다. 사람을 만났을 때 안녕하세요라는 뜻이며, 헤어질 때 사용하면 안녕히 가세요의 뜻이 된다.
Chào뒤에 2인칭대명사를 붙인다.

(Xin) chào + 2인칭대명사

2인칭대명사

상대방과 그다지 친하지 않거나 업무 등으로 만날 때, 상대방을 부르는 호칭은 다음과 같다.
자신을 가리키는 1인칭은 Tôi 또이 나를 사용한다.
이 단어들은 원래 가족 · 직업 등을 가리키는 명사이지만, 듣는 사람의 성별 · 나이 · 듣는 사람과 말하는 사람의 관계 등에 따라 구별해서 사용한다.

2인칭대명사	상대방	2인칭대명사	상대방
ông 옹	나이든 남성	bà 바	나이든 여성
anh 아잉(안)	젊은 남성	chị 찌	젊은 여성, 같은 나이 또는 좀 많은 나이
thầy 터이	남선생님	cô 꼬	여선생님, 젊은 처녀를 가리키기도 함
em 앰	학생, 손아랫사람	cháu 짜우	어린이, 어린 사람

Chào 앞에 Xin을 붙이던가 문장 끝에 ạ를 붙이면 정중한 표현이 된다.

예 씬 짜오 옹 / 짜오 옹 아
Xin chào ông. = Chào ông ạ. 안녕하세요, 할아버지!

짜오 꼬 아
Chào cô ạ. 안녕하세요, 선생님! 여선생님

선생님에게는 ạ를 쓴다. 

Xin lỗi, anh tên là gì? 실례지만, 당신의 이름은 무엇입니까?

❶ Xin lỗi 씬 로이 는 영어의 'Excuse me'에 해당하며, **실례합니다**의 뜻이다.

❷ là 라 는 ~**이다**라는 뜻으로 영어의 'be동사'에 해당하며, 영어의 be동사 문장과 같은 형식을 따른다. tên은 **이름**이라는 뜻이다.

A + là + B A는 B이다
(là = be 동사)

예 Tôi (또이) + là (라) + Trang (짱). (= I am Trang.)
나는 입니다 짱 / 나는 입니다 짱

▶ 이름을 말하는 여러가지 표현

나는 짱입니다.	Tôi (나)		là (입니다)	Trang. (짱)
나의 이름은 짱입니다.	Tên tôi (나의 이름)		là (입니다)	Trang. (짱)
나는 이름이 짱이라고 합니다.	Tôi (나는)	tên (이름이)	là (입니다)	Trang. (짱)

❸ gì 지 는 **무엇**이라는 뜻이다. 의문사 gì는 서술어 ~이다 다음에 온다.

예 아잉(안) 뗀 라 지
Anh tên là gì?
당신의 이름은 무엇입니까? 당신은 남자

→ 또이 뗀 라 김 안
Tôi tên là Kim An.
나는 이름이 Kim An 입니다.

3 Rất vui được gặp chị. (당신을 만나게 되어) **정말 반갑습니다.**

이 표현은 처음 사람을 만났을 때 하는 인사말이다.
rất 럳(=젇) 은 **매우**라는 부사이며, **vui** 부이 는 **기쁘다, 즐겁다**라는 뜻의 형용사이다.
được 드억 은 **được + 동사의 형태**로 **~하게 되다**라는 뜻을 나타내며, **gặp** 갑 은 **만나다**라는 뜻이다.
이와 비슷하게 다음과 같이 인사해도 된다.

예 럳(=젇) 부이 드억 갑 찌
Rất vui được gặp chị. 만나서 반갑습니다. 상대방은 여자

럳(=젇) 한 하잉(한) 드억 람 꾸앤 버이 찌
=Rất hân hạnh được làm quen với chị.

베트남에서 통하는 회화따라하기

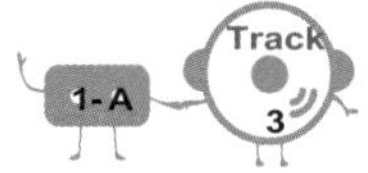
1-A
Track
3

상대방에 따라 달라지는 인사표현

Chào!
짜오
안녕하세요!

ông	옹	나이든 남성
bà	바	나이든 여성
anh	아잉(안)	젊은 남성
chị	찌	젊은 여성
thầy	터이	남선생님
cô	꼬	여선생님젊은 처녀를 가리키기도 함
em	앰	학생, 손아랫사람
cháu	짜우	어린이, 어린 사람

Chào em.
Xin chào anh.
Chào cháu.
Xin chào ông.

Bài 2 02 저는 한국사람입니다. Tôi là người Hàn Quốc.

또이 라 응어이 한 꾸옥

Imkang

씬 저이 티에우, 더이 라 아잉(안) 민수
Xin giới thiệu, đây là anh Min-soo.

Thu Hằng

짜오 아잉(안). 씬 뜨 저이 티에우, 또이 뗀 라 투 항
Chào anh. Xin tự giới thiệu, tôi tên là Thu hằng.

Min-soo

짜오 찌 아. 럳(=젇) 부이 드억 갑 찌. 또이 뗀 라 민수
Chào chị ạ. Rất vui được gặp chị. Tôi tên là Min-soo.

럳(=젇) 부이 드억 갑 아잉(안)
Rất vui được gặp anh.

아잉(안) 라 응어이 느억 나오
Anh là người nước nào?

또이 라 응어이 한 꾸옥
Tôi là người Hàn Quốc.

찌 라 응어이 비엘 남, 파이 콩
Chị là người Việt Nam, phải không?

자, 벙. 또이 라 응어이 비엘 남
Dạ, vâng. Tôi là người Việt Nam.

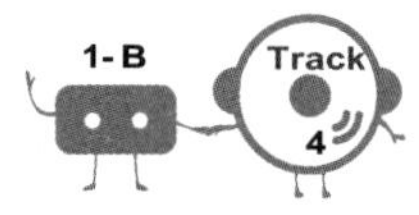

Imkang이 민수와 Thu Hằng을 서로 소개시켜 준다.

임깡	소개해 드리겠습니다. 이분은 민수씨 입니다.
투항	안녕하세요. 소개 드리겠습니다. 저의 이름은 투항입니다.
민수	처음 뵙겠습니다. 만나서 반갑습니다. 제 이름은 민수입니다.
투항	만나서 반갑습니다. 당신은 어느 나라 분입니까?
민수	저는 한국사람입니다. 당신은 베트남 분이시죠, 그렇죠?
투항	예, 그렇습니다. 저는 베트남사람입니다.

단 어

- □ giới thiệu 저이 티에우 — 소개하다
- □ tự 뜨 — 스스로
  tự giới thiệu 뜨 저이 티에우 — 자기 소개
- □ đây 더이 — 이 분, 이 사람
- □ ạ 아 — 존경을 나타내는 말
- □ người 응어이 — 사람
- □ nước 느억 — 나라
- □ nào 나오 — 어떤, 어느
- □ Hàn Quốc 한 꾸옥 — 한국
- □ không / phải 콩 / 파이 — 아니다 / 옳다
- □ dạ, vâng 자, 벙 — 예, 그렇습니다. 공손한 표현
- □ Việt Nam 비엘 남 — 베트남

02 아주 쉬운 해설

tự giới thiệu　　제 소개를 하겠습니다.

❶ tự 뜨 는 스스로, giới thiệu 저이 티에우 는 소개하다라는 뜻으로 합쳐서 자기 소개를 하다라는 뜻이 된다.
보통 베트남어문장은 주어로 1인칭대명사를 붙여 만들지만, 인사 · 감사 · 예의 등을 나타내는 문장에서는 생략하는 경우가 대부분이다.

❷ là 문장의 어순
베트남어는, 영어의 활용과 같은 변화가 없다. 문법에 따라서 단어를 나열하기만 하면 문장이 완성되기 때문에, 어순이 매우 중요하다.
là 문장의 어순은 영어의 be 동사 문장과 같아서 주어 + 동사 + 보어순이다.

là 문장의 어순

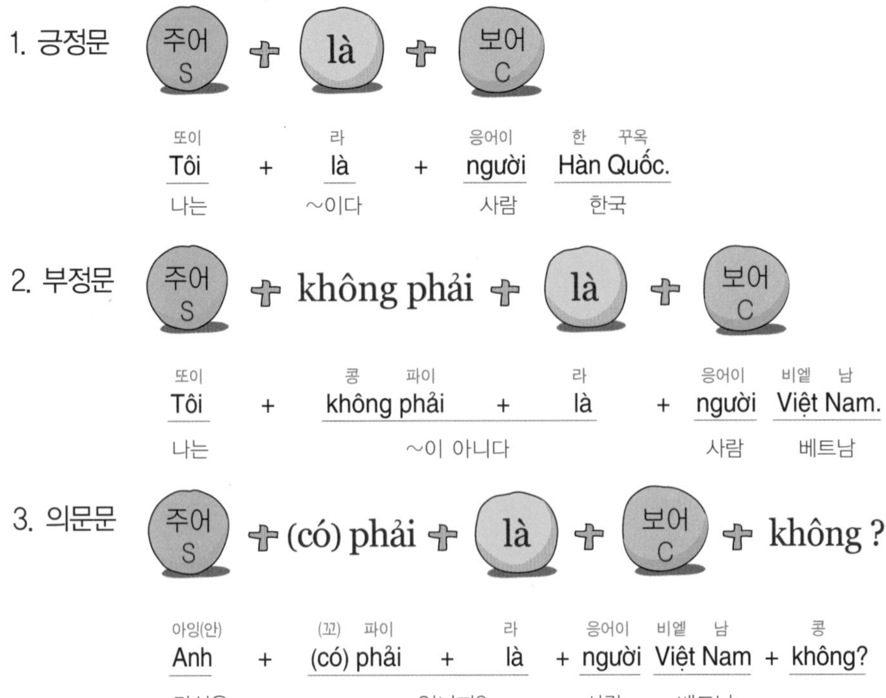

2 đây 이분, 이사람, 이것

đây 더이 는 **이분, 이사람**이라는 뜻으로, 사람을 소개할 때 사용하는 표현이다. **đây**는 사람 뿐만이 아니라, 사물에도 쓰이는 데, 이 때에는 가까운 것을 가리키는 **이것**이라는 뜻이 된다. 일반적으로 **여기**라는 뜻으로도 쓰인다.

더이 라 찌 란
Đây là chị Lan. 이분은 란씨입니다.

연상 여성을 소개할 때는 성명 앞에 **chị**를 붙인다.

더이 라 꾸이엔 싸익
Đây là quyển sách. 이것은 책입니다.

quyển은 명사 앞에 쓰이는 종별사 p156 참조이다.

3 phải không 그렇죠?

의문을 나타내는 문장은 여러 가지가 있는데, 여기서는 부가의문문에 대해 알아보자.

\+ phải không ? ~이지요? ~아니지요? …그렇죠?
파이 콩

이 때의 **phải không** 파이 콩 은 **그렇죠?**라는 느낌의 의문의 뜻을 나타내기 위해 문장의 끝에 붙이는 표현이다.

대답은

긍정 ○ **vâng = phải** 예
　　　벙　　　파이

부정 × **không (phải)** 아니오　　로 한다.
　　　콩

문장의 처음에, **dạ** 자 를 붙이면 공손한 뜻을 나타낸다.

반 라 응어이 미, 파이 콩
예 Bạn là người Mỹ, phải không?　　당신은 미국인이죠, 그렇죠?

Bạn은 당신을 나타내는 2인칭대명사이며, 동갑끼리 또는 처음에 서로 나이를 모를 때에 사용한다.

벙(파이), 또이 라 응어이 미
→ Vâng(Phải), tôi là người Mỹ.　　예(그렇습니다), 저는 미국인입니다.

Vâng으로 대답하면 Phải를 안 쓴다.

반 뗀 라 김 안, 파이 콩
Bạn tên là Kim An, phải không?　　당신의 이름은 김 안이죠, 그렇죠?

콩, 또이 뗀 라 리 안
→ Không, tôi tên là Lee An.　　아니오(그렇지 않습니다), 제 이름은 이 안입니다.

반 라 응어이 비엩 남, 파이 콩
Bạn là người Việt Nam, phải không?　　당신은 베트남사람이죠, 그렇죠?

자, 파이
→ Dạ, phải.　　예, 그렇습니다.

반 라 응어이 녙, 파이 콩
Bạn là người Nhật, phải không?　　당신은 일본사람이죠? 그렇죠?

자, 콩 파이
→ Dạ, không phải.　　아니오, 아닙니다.

4 인칭대명사의 단수와 복수

인칭대명사는 남녀 · 연령 · 사회적 지위나 친분관계 등에 따라 달라진다.

	단수			복수		
1인칭	tôi	또이	나	chúng tôi 쭝 또이 듣는 사람을 포함하지 않은 우리 chúng ta 쭝 따 듣는 사람(상대방)을 포함하는 우리		우리
2인칭	ông 옹 bà 바 anh 아잉(안) chị 찌 cô 꼬 em 앰 cháu 짜우	나이든 남성 나이든 여성 젊은 남성 젊은 여성 여선생님 학생, 손아랫사람 어린이, 어린사람	당신/ 너	các ông các bà các anh các chị các cô các em các cháu	깍 옹 깍 바 깍 아잉(안) 깍 찌 깍 꼬 깍 앰 깍 짜우	당신들 너희들
3인칭	ông ấy bà ấy anh ấy chị ấy cô ấy em ấy	옹 어이 바 어이 아잉(안) 어이 찌 어이 꼬 어이 앰 어이	그/ 그녀	các ông ấy các bà ấy các anh ấy các chị ấy các cô ấy các em ấy	깍 옹 어이 깍 바 어이 깍 아잉(안) 어이 깍 찌 어이 깍 꼬 어이 깍 앰 어이	그들/ 그녀들

- 3인칭 단수대명사 : 3인칭 단수대명사는 2인칭대명사 다음에 형용사를 나타내는 **ấy** 어이 를 붙인다.
- 2·3인칭 복수대명사 : 2·3인칭 복수대명사는 2·3인칭 단수대명사 앞에 **các** 깍 을 붙인다.

예

깍 아잉(안) 라 응어이 느억 나오
Các anh là người nước nào? — 당신들은 어느 나라 사람들입니까? 연상남성들에게

쭝 또이 라 응어이 한 꾸옥
→ Chúng tôi là người Hàn Quốc. — 우리들은 한국사람입니다.

꼬 어이 뗀 라 롱 아잉(안)
Cô ấy tên là Long Anh. — 그녀의 이름은 롱 안입니다.

깍 아잉(안) 어이 라 씽 비엔
Các anh ấy là sinh viên. — 그들은 대학생들이다.

베트남에서 통하는 회화따라하기

자기소개하기

1 Anh(Chị) tên là gì? 당신의 이름은 무엇입니까?
아잉(안) (찌) 뗀 라 지

→ Tôi tên là Ngọc Đặng. 제 이름은 Ngọc Đặng 응옥 당 입니다.
또이 뗀 라 응억 당

→ Tôi tên là Kim Min-soo. 제 이름은 김민수 입니다.
또이 뗀 라 김 민수

→ Tôi là Thu Hằng. 저는 투항 입니다.
또이 라 투 항

2

Tôi là người Hàn Quốc.
또이 라 응어이 한 꾸옥
저는 한국사람입니다.

Chị(Anh) là người nước nào?
찌(아잉(안)) 라 응어이 느억 나오
당신은 어느 나라 분입니까?

국가명은 대문자로 쓴다. 

잘 듣고 따라 해 보세요~

··· Tôi là người Việt Nam.
또이 라 응어이 비엘 남

저는 베트남사람입니다.

나라 nước ▸ Tôi là người _____________ . 저는 ________사람입니다.

 Hàn Quốc 한 꾸옥 한국	 Trung Quốc 쭝 꾸옥 중국	 Nhật Bản 녙 반 일본
Mỹ 미 미국	Anh 아잉(안) 영국	Pháp 팝 프랑스

3 Tôi là người Seoul.
또이 라 응어이 서울

저는 서울사람입니다.

Tôi là người Sài Gòn.
또이 라 응어이 사이 곤
저는 사이공호치민사람입니다.

Tôi là người Hà Nội.
또이 라 응어이 하 노이
저는 하노이사람입니다.

Tôi là người Seoul.
또이 라 응어이 서울
저는 서울사람입니다.

호치민시의 옛이름이 Sài Gòn이다. 

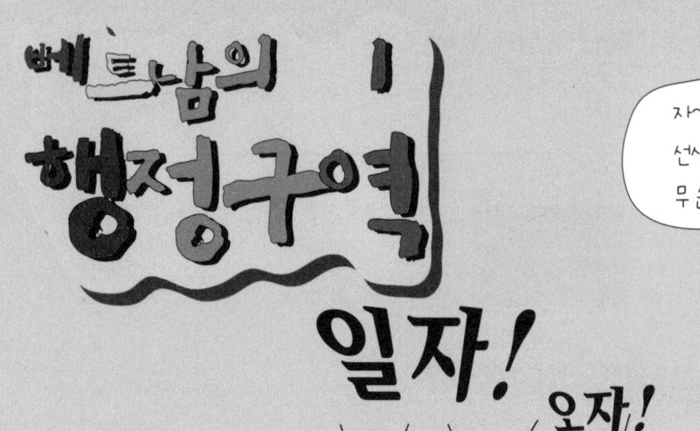

베트남의 행정구역
일자!
오자!

자~선생님을 보세요~
선생님 허리는
무슨 라인?

이녀석들...
정답을 말햇!

S..라인.....인가..

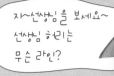

맞아요.. 베트남도 선생님처럼 S자 모양으로 길게 늘어져있는 모양으로 그 해안선이 3,200여km예요.

남북으로 길게 뻗어 있어 남부의 기후는 건기와 우기로 나누며, 북부는 4계절이 있으나 봄과 가을이 각각 1달 정도로 우리보다 짧은 편이죠.

베트남의 수도는 하노이Hà Nội 이며 지리·기후적 영향으로 남북부 사람들의 성격과 문화·생활·언어 등이 차이가 난답니다.

하노이

호치민

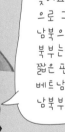

- ★ 면적 : 330,000㎢ 한반도의 약 1.5배
- ★ 인구 : 7,000~8,000만명
- ★ 수도 : Hà nội
- ★ 기후 : 남부 – 건기와 우기 (열대 온순)
  북부 – 4계절 (아열대성)

헬로 베트남어 첫걸음

Hà Nội

5개의 직할시
59개의 성으로 구성되어있다.

베트남 사회주의 공화국의 수도인 **Hà Nội** 하 노이 하노이!
남쪽의 **Hồ Chí Minh** 호 찌 밍 호치민이 상업의 중심지라면, **Hà Nội**는 정치, 문화의 중심지이다.

Hà Nội 는 1954년 북베트남 민주공화국의 수도였다가 1976년 베트남이 공산 통일된 후,
현재 베트남 사회주의 공화국의 수도가 되었어.
1,010년경 수도가 탕롱으로 정해진 이래 1,000년의 역사를 지닌 고도古都답게 유서 깊은 사찰이 많이 남아 있어.

베트남의 경제개혁이 **Hồ Chí Minh**을 중심으로 이루어지고 있다면 **Hà Nội** 는 정치, 문화의 중심지로서 변화를 꾀하고 있는 곳이다. 하노이 번화가는 **Hồ Hoàn Kiếm** 호안 끼 엠 호수를 중심으로 펼쳐지고 있는데 그 남쪽 일대는 호텔과 레스토랑, 여행사, 항공사, 대사관 등이 모여 있고 프랑스 통치시대의 모습을 볼 수 있는 콜로니얼 양식의 서양 건축물이 많이 남아 있다.

또 호수 북쪽은 구시가지로 이 도시가 세워진 이래 산업의 중심지로서 발전했던 곳이야. 자생적인 경제 발전에 비해 다분히 정책적인 변화는 눈에 띄게 달라지고 있지.
호치민이 활력이 넘쳐 보인다면 그에 반해 하노이는 고요 속에 점점 변모하고 있어.

호안끼엠 호수 Hồ Hoàn Kiếm

Hà Nội 시내에 있는 많은 호수 중의 하나인 **Hồ Hoàn Kiếm** 호수는 '되돌려 준 칼의 호수'로 유명한 곳이다. 한쪽 길이가 200m, 다른 한쪽 길이는 700m 정도로 길쭉하게 늘어져 있는 이 호수 주위에는 아름다운 나무들이 늘어져 있어 **Hà Nội** 낭만을 더해 주는 곳이기도 하다.
북쪽으로는 시장이 형성 돼 있으며 남쪽으로는 프랑스식 아름다운 건물들이 들어서 있다. 이 호수를 끼고 나 있는 길에는 항상 오토바이와 자전거가 붐비고 시민들의 휴식처이기도 하다.

Bài 3

03 요즘, 무슨 일을 하십니까?

Dạo này, anh làm gì?

자오(야오) 나이, 아잉(안) 람 지

Thu Hằng

러우 람 로이(=조이) 머이 갑 아잉(안). 아잉(안) 꼬 코애 콩

Lâu lắm rồi mới gặp anh. Anh có khỏe không?

Kim An

깜 언 찌, 또이 코애. 꼰 찌, 찌 꼬 코애 콩

Cám ơn chị, tôi khỏe. Còn chị, chị có khỏe không?

깜 언 아잉(안), 또이 빙 트엉. 아잉(안) 디 더우 더이

Cám ơn anh, tôi bình thường. Anh đi đâu đấy?

또이 디 람

Tôi đi làm.

자오 나이, 아잉(안) 람 지

Dạo này, anh làm gì?

또이 당 람 박 씨 어 벤 비엔 쩌 러이(=저이)

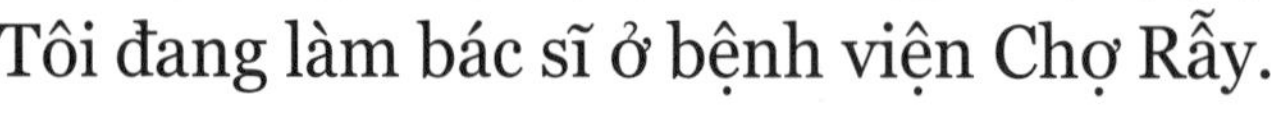

Tôi đang làm bác sĩ ở bệnh viện Chợ Rẫy.

꼰 찌, 자오 나이 찌 람 지

Còn chị, dạo này chị làm gì?

또이 당 람 장 비엔 어 쯔엉 다이 혹 꾸옥 자

Tôi đang làm giảng viên ở trường Đại học Quốc gia

타잉(탄) 포 호 찌 민

Thành Phố Hồ Chí Minh.

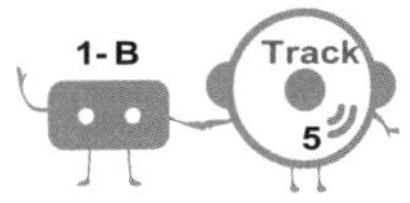

투항	오랜만입니다. 잘 지내셨어요? (건강하세요?)
김 안	예, 고마워요. 잘 지냅니다. 당신은요?
투항	예, 고마워요. 저 역시 그럭저럭 지냅니다. 어디 가십니까?
김 안	일하러 갑니다.
투항	요즘 무슨 일을 하십니까?
김 안	쩌저이 병원에서 의사로 일하고 있습니다. 그러면, 당신은 요즘 무슨 일을 하십니까?
투항	저는 호치민시 국립대학교에서 강사로 일하고 있습니다.

단어

- □ lâu 러우 — 오랫동안
- □ lắm 람 — 아주
- □ cám ơn 깜 언 — 감사하다
- □ khỏe 코애 — 건강하다
- □ bình thường 빙 트엉 — 보통, 그럭저럭
- □ đi 디 — 가다
  - đi làm 디 람 — 일하러 가다
- □ đâu 더우 — 어디
- □ đấy 더이 — 문장 끝에 붙는 조사
- □ làm 람 — 일하다
- □ dạo này 자오(야오) 나이 — 요즘
- □ gì 지 — 무엇, 무슨
- □ đang 당 — ~하고 있다
  - đang + 동사의 형태로 진행을 나타냄
- □ bác sĩ 박 씨 — 의사
- □ ở 어 — ~에서
- □ bệnh viện 벤 비엔 — 병원
  - bệnh viện Chợ Rẫy 벤 비엔 쩌 저이(러이) — 쩌저이 병원
- □ giảng viên 장 비엔 — 강사
- □ trường đại học 쯔엉 다이 혹 — 대학교
  - trường Đại học Quốc gia 쯔엉 다이 혹 꾸옥 자 — 국립대학교
- □ Thành Phố Hồ Chí Minh 타잉 (탄) 포 호 찌 밍 — 호치민시 지명

03 아주 쉬운 해설

1 Anh có khỏe không? 잘 지내셨어요?(건강하세요?)

khỏe는 건강하다라는 뜻이다.

베트남어 문장은 현재, 과거, 미래 등 시제에 따른 동사 활용이 전혀 없고, 단지 단어와 문장을 나열해서 의미를 전달한다. 그러므로 베트남어에서의 어순語順은 매우 중요하다.

문장의 어순

1. 긍정문

주어 S + 동사 V + 목적어 O

또이		이에우		꼬 어이
Tôi	+	yêu	+	cô ấy.
나는		사랑한다		그녀를

2. 부정문

주어 S + không + 동사 V + 목적어 O

또이		콩		이에우		꼬 어이
Tôi	+	không	+	yêu	+	cô ấy.
나는		않는다		사랑하지		그녀를

3. 의문문

주어 S + (có) + 동사 V + 목적어 O + không?

아잉(안)		꼬		이에우		꼬 어이		콩
Anh	+	(có)	+	yêu	+	cô ấy	+	không?
당신은		사랑합니까?				그녀를		

có는 생략 가능하다.

4. 의문문에 대한 답

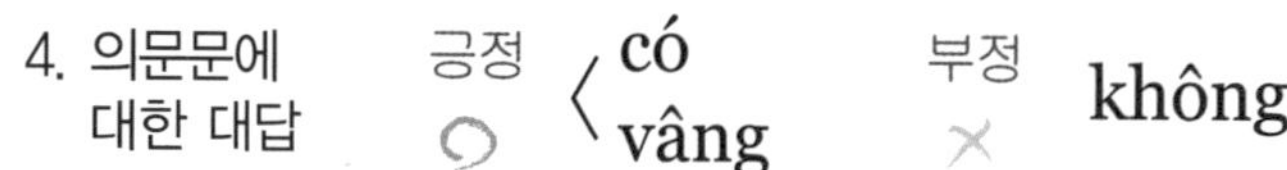

긍정 ○ 〈 có / vâng

부정 × không

또이 우옹 느억
 Tôi uống nước. 나는 물을 마신다.

▸ uống 우옹 마시다
nước 느억 물

또이 콩 안 껌
Tôi không ăn cơm. 나는 밥을 먹지 않는다.

▸ ăn 안 먹다
cơm 껌 밥

아잉(안) 꼬 틱 한 꾸옥 콩
Anh có thích Hàn Quốc không? 당신은 한국을 좋아합니까?

▸ thích 틱 좋아하다
Hàn Quốc 한 꾸옥 한국

좋아하다는 상대가 사람일 때는 quý 꾸이, 동물일 때는 thích 틱 이라고 한다. 

2 còn 그리고

còn은 그리고라는 뜻으로, 문장의 화제를 전환할 때, 사용한다. 상대에 따라 còn 뒤에 붙는 2인칭 대명사는 달라진다.

꼰 아잉(안)
 Còn anh? 당신은요? 연상남성들에게

3 đi đâu đấy 어디에 갑니까?

① đi 디 는 가다라는 뜻의 동사이며, 오다는 đến 덴 이다.

디 하 노이
예 Đi Hà Nội. 하노이에 가다. ▸ Hà Nội 하 노이 하노이 베트남 수도

또이 디 비엘 남
Tôi đi Việt Nam. 나는 베트남에 간다.

또한, đi + 동사의 형태로 ~하러 가다라는 목적을 나타내기도 한다.

디 람
 Đi làm 일하러 가다 ▸ làm 람 일하다

또이 디 혹
Tôi đi học 나는 공부하러 간다 ▸ học 혹 공부하다

❷ đâu 더우 는 어디라는 의문사로, 장소나 위치를 나타내는 단어와 함께 여러 가지 뜻을 나타낸다.

의문사

ai	아이	누구
khi nào	키 나오	언제
đâu	더우	어디
ở đâu	어 더우	어디에서
đến đâu	덴 더우	어디까지
gì	지	무엇
thế nào	테 나오	어떻게
tại sao	따이 싸오	왜

❸ đấy 더이 는 문장 끝에 쓰는 조사로, ai, gì, đâu, thế nào 등의 의문사와 함께 습관적으로 사용한다. 또한 진행되고 있는 행동, 즉 진행을 나타내기 위해 사용하는 표현이기도 하다.
đó 도, vậy 버이 등과 바꿔 쓸 수 있다.

예
반 디 더우 더이
Bạn đi đâu đấy? 어디 가니?
아잉(안) 당 람 지 버이
Anh đang làm gì vậy? 너는 무슨 일을 하고 있니?

▸ Bạn 반 너, 당신
2인칭 대명사

làm 일하다

làm 람 은 대개 직업에 대해 묻거나 대답할 때 사용하는 동사이다.

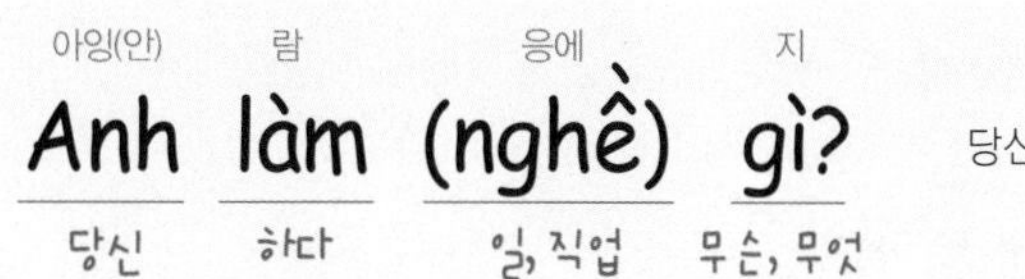

아잉(안) 람 응에 지
Anh làm (nghề) gì?
당신 하다 일, 직업 무슨, 무엇

당신은 무슨 일을 합니까?

직업을 물을 때는 nghề를 생략하고, 간단히 Anh làm gì?라고도 한다. 

▶ **nghề** 응에 직업

대답은 대개 2가지 표현이 있다. 이 경우, **làm**을 **là**로 바꿔 사용할 수 있다.

또이 람 박 씨

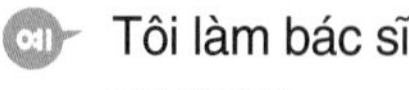

예 Tôi làm bác sĩ. 나는 의사입니다.

또이 라 박 씨

=Tôi là bác sĩ.

▶ **bác sĩ** 박 씨(시) 의사

5 đang + V ~하고 있다

đang 당 은 **진행**을 나타내는 **시제사** 時制詞 로, **~하고 있다**라는 뜻의 현재 어떤 일이 진행중임을 나타낸다. 동사의 앞에 놓인다.

아잉(안) 당 람 지 더이

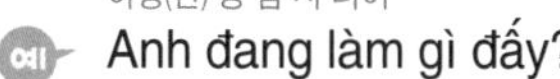

예 Anh đang làm gì đấy? 당신은 무엇을 하고 있습니까?

또이 당 안 껌

···› Tôi đang ăn cơm. 밥을 먹고 있습니다.

▶ **ăn cơm** 안 껌 (밥을) 먹다

찌 당 더이 아이 버이

Chị đang đợi ai vậy? 아가씨는 누구를 기다리고 있나요?

또이 당 더이 아잉(안) 박

···› Tôi đang đợi anh Park. 박씨를 기다리고 있어요.

▶ **đợi** 더이 기다리다

6 ở ~에서

ở 어 는 **~에서**라는 뜻의 **장소나 신분 상의 속해 있는 곳**을 나타내는 전치사이다. **Chợ Rẫy** 쩌 저이(러이) 는 호치민시에 있는 큰 병원 중의 하나이다.

또이 람 이 따 어 벤 비엔 쩌 러이(=저이)

예 Tôi làm y tá ở bệnh viện Chợ Rẫy.
나는 쩌저이 병원에서 간호사로 일한다.

▶ **y tá** 이 따 간호사
bệnh viện 벤 비엔 병원

베트남에서 통하는 회화따라하기

직업 묻고 답하기

0 Bạn làm (nghề) gì? 당신은 무슨 일을 하십니까?(직업이 무엇입니까?)
반 람 응에 지

→ Tôi làm nghề dạy học. 나는 가르치는 직업을 하고 있다.
또이 람 응에 자이 혹

▸ dạy 자이(야이) 가르치다

→ Tôi làm nghề giáo viên. 나는 교사이다.
또이 람 응에 자오 비엔

→ Tôi là sinh viên. 나는 대학생입니다.
또이 라 씽 비엔

→ Tôi là thương gia. 나는 사업가입니다.
또이 라 트엉 자

직업 ▸ Tôi là ________________. 나는 _________ 입니다.

 giáo viên 자오 비엔 교사, 선생님	 sinh viên 씽 비엔 대학생	 bác sĩ 박 씨 의사
 giám đốc 잠 독 사장	 nhân viên tiếp thị 년 비엔 띠엡 티 마케팅사원	 Nhân viên ngân hàng 년 비엔 응언 항 은행원
 nhà báo 냐 바오 신문기자	 thông dịch viên 통 직 비엔 통역가	 luật sư 루얼 쓰 변호사

잘 듣고 따라 해 보세요~

2 Bạn làm việc ở đâu? 당신은 어디에서 일합니까?
반 람 비엑 어 더우

⋯▸ Tôi làm bác sĩ ở bệnh viện Chợ Rẫy.
또이 람 박 씨 어 벤 비엔 쩌 러이(=저이)
나는 쩌저이 병원에서 의사로 일합니다.

여러가지 의문사를 이용한 의문문

Cái này là cái gì? 이건 뭐야?
까이 나이 라 까이 지

Người này là ai? 이 분은 누구십니까?
응어이 나이 라 아이

Tại sao lại như vậy? 왜 그러세요?(무슨 일입니까?)
따이 싸오 라이 뉴 버이
▸ như vậy 느으 버이 그렇게, 그처럼

Làm việc này thế nào? 일을 어떻게 합니까?
람 비엑 나이 테 나오

Anh làm việc ở đâu? 당신은 어디에서 일을 합니까?
아잉(안) 람 비엑 어 더우

Anh đi đến đâu? 당신은 어디까지 갑니까?
아잉(안) 디 덴 더우

Bài 4

04 이것은 무엇입니까? Cái này là cái gì?

까이 나이 라 까이 지

Min-soo

까이 나이 라 까이 지?

Cái này là cái gì?

Hồng Vân

까이 나이 라 까이 논 라

Cái này là cái nón lá.

까이 끼아 라 까이 지

Cái kia là cái gì?

까이 끼아 라 까이 아오 자이 꾸어 또이

Cái kia là cái áo dài của tôi.

(까이 아오 끼아) 뎁 꾸아. 느응, 아오 자이 라 까이 지

(Cái áo kia) đẹp quá. Nhưng, áo dài là cái gì?

아오 자이 라 짱 푹 쭈위엔 통 꾸어 비엗 남

Áo dài là trang phục truyền thống của Việt Nam.

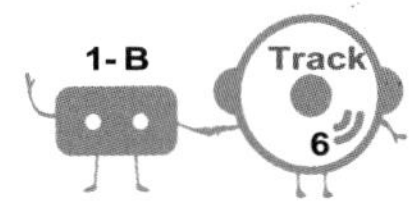

민수는 아오자이를 보고 신기해 하고 있다.

민수	이것은 무엇입니까?
홍번	이것은 논라입니다.
민수	저것은 무엇입니까?
홍번	저것은 나의 아오자이입니다.
민수	(저 옷은)매우 예쁘군요. 그런데, 아오자이가 무엇입니까?
홍번	아오자이는 베트남의 전통옷(민속의상)입니다.

단어

- □ cái này 까이 나이 — 이것
- □ cái kia 까이 끼어 — 저것
- □ (cái)nón lá (까이) 논 라 — 논 라 베트남의 전통모자
- □ áo dài 아오 자이 — 아오자이 베트남의 전통옷
  áo 아오 — 옷
- □ đẹp 뎁 — 예쁘다/아름답다
- □ quá 꾸아 — 매우, 아주
- □ nhưng 느응 — 그런데, 그러나
- □ trang phục 짱 푹 — 의상
- □ truyền thống 쭈위엔 통 — 전통
- □ của 꾸어 — ~의

04 아주 쉬운 해설

1 cái này, cái ấy, cái kia 이것, 그것, 저것

này 나이, ấy 어이(đấy 더이), kia 끼아는 이, 그, 저라는 뜻의 지시형용사이다. 물건을 나타내는 cái 물건, 것과 합쳐져서 영어의 this, it, that에 해당하는 지시대명사 이것, 그것, 저것이 된다.
này는 이, cái này는 이것의 뜻으로 말하는 사람 가까이 있는 것을 가리킨다.
kia는 저, cái kia는 저것의 뜻으로 말하는 사람과 듣는 사람 모두에게서 멀리 떨어져 있는 것을 가리킨다.

	지시형용사	지시대명사(단수)	지시대명사(복수)
말하는 사람 가까이 있는 것 (this)	이 này 나이	이것 cái này 까이 나이 đây 더이	이것들 những cái này 느응 까이 나이 đây 더이
듣는 사람 가까이 있는 것, 이미 말한 것 (it)	그 ấy 어이 đó 도 đấy 더이	그것 cái ấy 까이 어이 cái đó 까이 도 đấy / đó 더이 / 도	그것들 những cái ấy 느응 까이 어이 những cái đó 느응 까이 도 đó 도
둘에게서 멀리 있는 것 (that)	저 kia 끼아	저것 cái kia 까이 끼아 kia 끼아	저것들 những cái kia 느응 까이 끼아 kia 끼아
부정 의문사 (what)	어느 nào? 나오	어느 것 cái nào 까이 나오 어느 쪽, 어디 đâu 더우	어느 những cái nào 느응 까이 나오

Cái는 물건 · 것을, những은 복수를 나타내는 복수사 複數詞이다.
đây, đó, kia는 단수와 복수 상관없이 사용할 수 있다.

더이 라 아잉(안) 톰, 응어이 미. 꼰 끼아 라 찌 마리, 응어이 팝

예 Đây là anh Tom, người Mỹ. Còn kia là chị Marie, người Pháp.
이분은 미국인 Tom씨 입니다. 그리고 저분은 프랑스인 Marie씨 입니다.

도 라 까이 지
Đó là cái gì? 그것은 무엇입니까?

도 라 까이 게
⋯▸ Đó là cái ghế. 그것은 의자입니다. ▸ ghế 게 의자

더이 라 싸익
Đây là sách. 이것들은 책입니다. ▸ sách 싸익 책

cái , con, tờ... 종별사단위성 명사

명사 앞에 위치하는 cái 까이, con 꼰, tờ 떠등은 명사의 종류를 나타내주는 종별사이다. 명사에 따라 고유한 종별사를 갖고 있는데, 일반명사는 크게 2가지로 나뉜다.

cái 까이

cái + 무생물명사 움직일 수 없는 것

bàn 반 책상

ghế 게 의자

cái는 같이 말하는 사람이나 듣는 사람 모두에게 가까이 있는 물건을 가리킬 때도 쓰인다. 

con 꼰

con + 생물명사 움직일 수 있는 것

chó쪼 개

mèo 매오 고양이

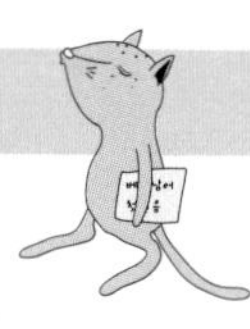

단, 무생물이지만 움직이고 있는 것들은 con을 쓴다.

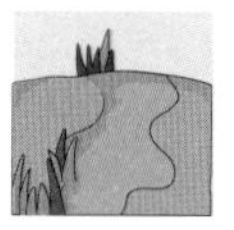
sông 쏭 강

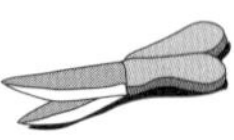
dao 자오 칼

이외에, 특수종별사를 사용하는 경우가 있다.

tờ 떠

신문, 종이와 같은 셀 수 있는 명사에 붙는 특수종류명사이다. 우리말의 ~**장**에 해당된다.

tờ báo 떠 바오
신문

tờ tạp chí 떠 땁 찌
잡지

cuốn 꾸온

책을 나타낼 때 쓰이는 특수종류명사이다. 우리말의 ~**권**에 해당된다.

sách 싸익
책

vở 버
공책, 노트

Của ~의 소유

소유격이나 소유대명사를 나타내려면 그 대명사나 명사 앞에 **của** 꾸어 를 붙여 표현하며, ~**의**, ~**의** **것**이라는 뜻이다. 소유격조사 앞에 오는 **là**는 일반적으로 생략한다.

예
- của tôi (꾸어 또이) 나의 것, 나의
- tay của ông (따이 꾸어 옹) 할아버지의 손
- cái áo của chị (까이 아오 꾸어 찌) 아가씨(언니, 누나)의 옷
- cái này của ai (까이 나이 꾸어 아이) 누구의 것

누구나 알 수 있는 소유나 소속에 대한 것을 말할 때는 **của**를 생략한다.

예
- mẹ của anh = mẹ anh (매 꾸어 아잉(안)) 당신의 어머니

형용사문

우리말과 같이 형용사가 직접 주어를 받아주기 때문에, 영어의 be동사에 해당하는 là는 생략하고 주어 바로 뒤에 형용사가 온다. 그러므로 일반동사문과 패턴이 비슷하다.

형용사문의 어순

1. 긍정문

주어 S + 형용사 C

꼬 어이		뎁
Cô ấy	+	đẹp.
그녀는		아름답습니다.

2. 부정문

주어 S + không + 형용사 C

꼬 어이		콩		뎁
Cô ấy	+	không	+	đẹp.
그녀는		않습니다.		아름답지

3. 의문문

주어 S + (có) + 형용사 C + không ?

꼬 어이		(꼬)		뎁		콩
Cô ấy	+	(có)	+	đẹp	+	không?
그녀는				아름답습		니까?

이 핸드폰은 좋다.

까이 디엔 토아이		나이		뎁	
Cái điện thoại	+	này	+	đẹp.	보어
핸드폰	+	이	+	좋다	

이 좋은 핸드폰

까이 디엔 토아이		뎁		나이	
Cái điện thoại	+	đẹp	+	này	수식어
핸드폰	+	좋은	+	이	

베트남에서 통하는 회화따라하기

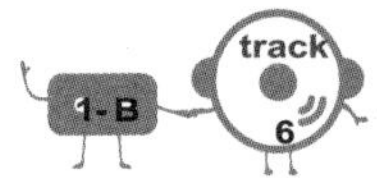

형용사 1

Tốt quá! 똗 꾸아	아주 좋아요.	
Cái phòng này rộng quá! 까이 퐁 나이 롱(=종) 꾸아	이 방은 매우 넓군요.	▶ phòng 퐁 방
Cô ấy cao và đẹp. 꼬 어이 까오 바 뎁	그녀는 키가 크고 아름답다.	▶ và 바 그리고
Đường đi đến trường rất xa. 드엉 디 덴 쯔엉 럳(=젇) 싸	학교에 가는 길이 아주 멀다.	▶ đường 드엉 길 trường 쯔엉 학교

아오자이 áo dài
아오자이가 뭐야?
베트남 여성이 입는 전통의상이야.
우리 학교에서도 교복으로 입고 있어~
전에는 남녀 구분없이 착용했지만 세월이 흘러 아오자이를 남자들이 많이 입지 않고 지금은 여성들이 학교 교복이나 행사 근무복으로 많이 입고 있어.
여기서 'áo'는 웃옷이란 뜻이고, 'dài'는 길다는 뜻이야. 언뜻 보면 원피스처럼 한 벌의 드레스로 생각할 수 있지만, 유심히 보면 속에 바지가 있어.
그렇네
그래서 기성복은 없고 다 맞춤복이야. 20곳의 몸 곳곳을 자로 재서 재단하지.
꼭 맞아서 아름답고 환상적이다!
남의 속도 모르고.
꽉!
그게 아오자이의 매력이구나
여기서 퀴즈!! 그림에서 무슨 차이가 있을까?
머, 색상이 다를 뿐이잖아. 나 색맹 아니거든!!
맞아~처녀들은 흰색의 아오자이를, 아줌마들은 색깔있는 아오자이를 입어.
베트남 남쪽, 호치민시 중심가에 동커이 Đồng Khởi 거리가 있는데, 이 아오자이를 짜는 상점이 많고, 북쪽 하노이에 가면 전푸 Điện Biên Phủ 거리에 이런 상점이 많아.
open
아오자이는 베트남인의 인생관과 독립정신이 함유되어 종합적으로 표현된 베트남 고유의 전통의상이자 현대에서도 아낌없이 활용되는 최고의 의상이며 전 베트남인들의 영원한 자부심의 표상이지!

Bài 5

05 지금 몇 시입니까?

Bây giờ là mấy giờ?

버이 저 라 머이 저

Min-soo

버이 저 라 머이 저 로이(=조이)

Bây giờ là mấy giờ rồi?

Thu Hằng

버이 저 라 찐 저

Bây giờ là 9 giờ.

아잉(안) 트엉 디 람 룩 머이 저

Anh thường đi làm lúc mấy giờ?

룩 싸우 저 르어이(=즈어이) 쌍. 꼰 꼬

Lúc 6 giờ rưỡi sáng. Còn cô?

또이 꿍 버이. 아잉(안) 트엉 베 냐 룩 머이 저

Tôi cũng vậy. Anh thường về nhà lúc mấy giờ?

룩 본 저 르어이(=즈어이) 하이 남 저

Lúc 4 giờ rưỡi hay 5 giờ.

부오이 또이 꼬 트엉 람 지

Buổi tối cô thường làm gì?

또이 트엉 독 바오 하이 쌤 띠 비. 꼰 아잉(안)

Tôi thường đọc báo hay xem ti vi. Còn anh?

또이 트엉 독 싸익

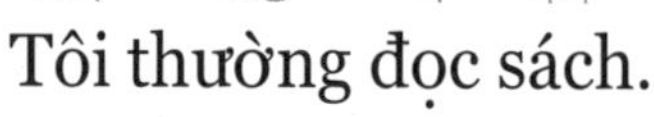

Tôi thường đọc sách.

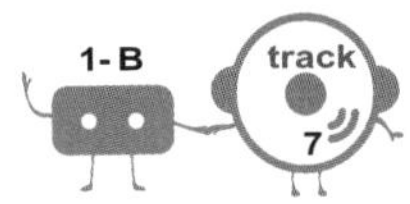

민수와 Thu Hằng이 로비에서 만났다.

민수	지금 몇 시입니까?
투항	지금은 9시입니다. 보통 몇 시에 회사에 옵니까?
민수	6시 반에 옵니다. 당신은요?
투항	저도요. 몇 시에 집에 갑니까?
민수	4시 반이나 5시에 돌아갑니다. 저녁에는 보통 무엇을 합니까?
투항	저녁에는 보통 신문을 읽거나 TV를 봅니다. 당신은요?
민수	저는 주로 책을 읽습니다.

단어

- □ bây giờ 버이 저 — 지금
- □ mấy 머이 — 몇
- □ ~giờ 저 — ~시時
- □ rồi 로이 — 완료를 나타내는 말
- □ lúc 룩 — ~에시간
  lúc 7giờ 룩 바이 저 — 7시에
- □ thường 트엉 — 보통, 주로, 자주
  bình thường 빈 트엉 — 보통, 그럭저럭
- □ nhà 냐 — 집
  về nhà 베 냐 — 집으로 (돌아)가다
- □ hay 하이 — ~하거나 ~하다
- □ (buổi) tối (부오이) 또이 — 저녁
- □ xem 쌤 — 보다
  xem ti vi 쌤 띠 비 — TV를 보다
- □ đọc 독 — 읽다
- □ báo 바오 — 신문
- □ sách 싸익 — 책

아주 쉬운 해설

1 mấy giờ 몇 시

숫자 + giờ 저 숫자 + phút 풋 ~시 ~분

시간을 묻는 표현은 Mấy giờ rồi? 머이 저 로이(=조이) 몇 시 입니까? 또는 Bây giờ là mấy giờ? 버이 저 라 머이 저 지금 몇 시입니까?라고 한다.
대답은 ~giờ rồi 저 로이(=조이) ~시입니다 또는 Bây giờ là ~ giờ rồi 버이 저 라 ~ 저 로이(=조이) 지금 ~시입니다라고 한다.

	지금	~이다	몇	시	완료를 나타내는 단어	뜻
질문			mấy 머이	giờ 저	rồi ? 로이(=조이)	몇 시입니까?
	Bây giờ 버이 저	(là) 라	mấy 머이	giờ 저	rồi ? 로이(=조이)	지금 몇 시입니까?
대답			Hai 하이	giờ 저	rồi. 로이(=조이)	2시입니다.
	Bây giờ 버이 저	(là) 라	hai 하이	giờ 저	rồi. 로이(=조이)	지금은 2시입니다.

시간을 나타낼 때는 giờ 저 시, phút 풋 분, giây 저이 초 등의 시간을 나타내는 단위 앞에 숫자를 붙인다.

예
- 8시 — 8 giờ (땀 저)
- 9시20분 — 9 giờ 20 phút (찐 저 하이 므어이 풋)
- 10시 15분 전 — 10 giờ kém15 (므어이 저 깸 므어이 람)

~분 전을 말할 때 ~분을 나타내는 숫자 앞에 kém 깸 모자라다를 붙이고, phút 풋 분 을 생략한다.

- 6시 30분 — 6 giờ rưỡi (싸우 저 르어이(=즈어이))

30분은 30 phút 바 므어이 풋 또는 rưỡi 르어이(=즈어이) 라고 한다.

시간 thời gian

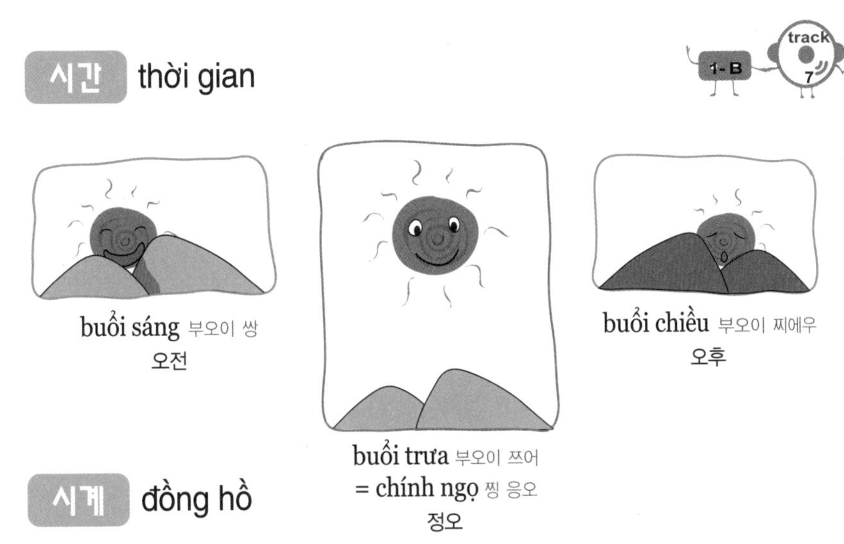

buổi sáng 부오이 쌍
오전

buổi trưa 부오이 쯔어
= chính ngọ 찡 응오
정오

buổi chiều 부오이 찌에우
오후

시계 đồng hồ

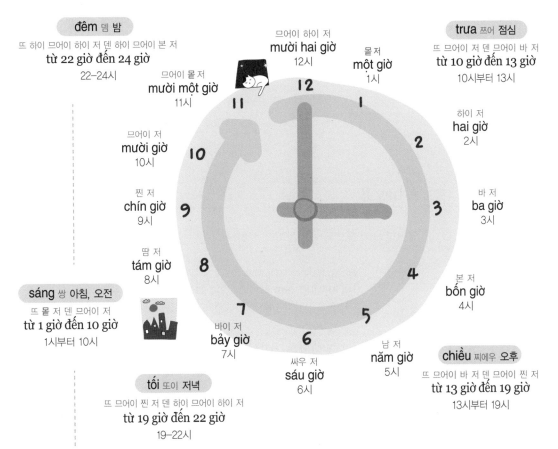

đêm 뎀 밤
뜨 하이 므어이 하이 저 덴 하이 므어이 본 저
từ 22 giờ đến 24 giờ
22–24시

trưa 쯔어 점심
뜨 므어이 저 덴 므어이 바 저
từ 10 giờ đến 13 giờ
10시부터 13시

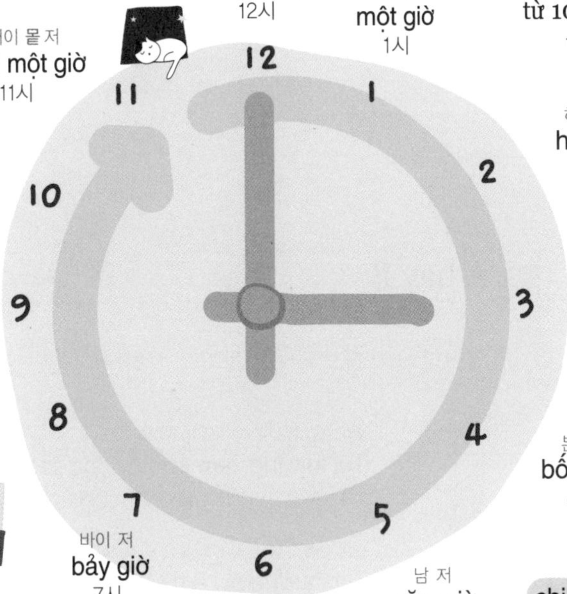

므어이 하이 저
mười hai giờ
12시

몯 저
một giờ
1시

하이 저
hai giờ
2시

바 저
ba giờ
3시

본 저
bốn giờ
4시

남 저
năm giờ
5시

싸우 저
sáu giờ
6시

바이 저
bảy giờ
7시

땀 저
tám giờ
8시

찐 저
chín giờ
9시

므어이 저
mười giờ
10시

므어이 몯 저
mười một giờ
11시

12 1 2 3 4 5 6 7 8 9 10 11

sáng 쌍 아침, 오전
뜨 몯 저 덴 므어이 저
từ 1 giờ đến 10 giờ
1시부터 10시

chiều 찌에우 오후
뜨 므어이 바 저 덴 므어이 찐 저
từ 13 giờ đến 19 giờ
13시부터 19시

tối 또이 저녁
뜨 므어이 찐 저 덴 하이 므어이 하이 저
từ 19 giờ đến 22 giờ
19–22시

2 thường — 보통, 주로, 자주

행동이 계속해서 반복되는 것을 표현할 때 사용하는 부사로, **보통, 주로, 자주**의 뜻이다. 대부분 동사 앞에 위치한다.

예 안 트엉 디 혹 룩 머이 저
An thường đi học lúc mấy giờ? 보통 안은 몇 시에 학교에 가니?

▶ đi học 디 혹 학교에 가다

안 트엉 디 혹 룩 찐 저 쌍
An thường đi học lúc 9 giờ sáng. 안은 보통 오전 9시에 학교에 간다.

▶ sáng 쌍 오전

lúc은 ~에라는 뜻으로 문장의 처음에 올 때는 생략하며, 문장의 끝에 올 때에 사용한다.

예 또이 특 저이 룩 바이 저 모이 응아이
Tôi thức dậy lúc 7 giờ mỗi ngày. 나는 매일 7시에 일어난다.

▶ thức dậy 특 저이 일어나다
mỗi ngày 모이 응아이 매일

3 A hay B — A하거나 B하다

영어의 or에 해당되며 ~하거나 ~하다의 뜻이다.

예 또이 트엉 쌤 띠비 하이 독 싸익 모이 또이
Tôi thường xem tivi hay đọc sách mỗi tối.
나는 매일 저녁에 보통 TV를 보거나 책을 읽는다.

또이 트엉 디 쌤 핌 하이 디 무아 쌈 꾸오이 뚜언
Tôi thường đi xem phim hay đi mua sắm cuối tuần.
나는 주말에 보통 영화를 보러 가거나 쇼핑하러 간다.

▶ phim 핌 영화
mua sắm 무아 쌈 쇼핑
cuối tuần 꾸오이 뚜언 주말

기본동사

영어의 일반동사에 해당하는 동사에 대해 알아보자. 이미 2과 p56 참조 에서 **là** 동사 문장에 대해 학습하였는데, 여기서는 **~하다**라는 뜻의 동작이나 행위를 나타내는 기본동사들에 대해 학습하도록 한다.

주요동사 1

노이
nói 말하다
노이 띠엥 아잉(안)
nói tiếng Anh 영어를 말하다

응애
nghe 듣다
응애 북 자디오 남 라디오
nghe radio 라디오를 듣다

디
đi 가다
디 하노이
đi Hà Nội 하노이에 가다

덴
đến 오다
덴 비엘 남
đến Việt Nam 베트남에 오다

쌤
xem 보다
쌤 띠비
xem tivi TV를 보다

안
ăn 먹다
안 껌
ăn cơm 밥을 먹다

응우
ngủ 자다
응우 응아이
ngủ ngày 낮잠을 자다

저이
dậy 일어나다
저이 썸
dậy sớm 일찍 일어나다

비엘
viết 쓰다
비엘 루언 반
viết luận văn 논문을 쓰다

독
đọc 읽다
독 싸익
đọc sách 책을 읽다

응오이
ngồi 앉다
응오이 러우
ngồi lâu 오래 앉다

등
đứng 서다
등 임
đứng im 가만히 서다

베트남에서 통하는 회화따라하기

숫자읽기

0	không 콩
1	một 몯
2	hai 하이
3	ba 바
4	bốn 본
5	năm 남
6	sáu 싸우
7	bảy 바이
8	tám 땀
9	chín 찐
10	mười 므어이
11	mười một 므어이 몯
12	mười hai 므어이 하이
13	mười ba 므어이 바
14	mười bốn 므어이 본
15	mười lăm 므어이 람 15 의 5는 năm → lăm 람 으로, 25, 35등 25이상에서의 5는 nhăm 냠 으로 변함
16	mười sáu 므어이 싸우
17	mười bảy 므어이 바이
18	mười tám 므어이 땀
19	mười chín 므어이 찐
20	hai mươi 하이 므어이 20이상에서는 mười → mươi 로 성조가 변함
21	hai mươi mốt 하이 므어이 몯 21, 31 등 21이상에서의 1은 một → mốt으로 변함
22	hai mươi hai 하이 므어이 하이
25	hai mươi nhăm 하이 므어이 냠
30	ba mươi 바 므어이
31	ba mươi mốt 바 므어이 몯
40	bốn mươi 본 므어이
50	năm mươi 남 므어이
60	sáu mươi 싸우 므어이
70	bảy mươi 바이 므어이
80	tám mươi 땀 므어이
90	chín mươi 찐 므어이
100	một trăm 몯 짬
1,000	một nghìn(ngàn) 몯 응인(응안)
10,000	mười nghìn 므어이 응인

북부 발음에서는 20이상의 경우, mười를 생략하는 경우가 많다. 

잘 듣고 따라 해 보세요~

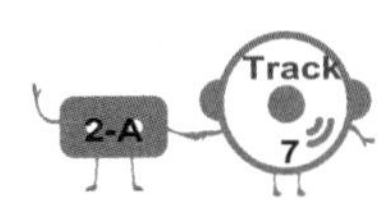

하루의 시간

1 Bây giờ là mấy giờ? 지금 몇 시입니까?
버이 저 라 머이 저

⋯▸ Bây giờ là 9 giờ 5 phút. 9시 5분입니다.
버이 저 라 찐 저 남 풑

⋯▸ Bây giờ là 9 giờ 20 phút. 9시 20분입니다.
버이 저 라 찐 저 하이 므어이 풑

⋯▸ Bây giờ là 7 giờ 35 phút sáng. 아침 7시 35분입니다.
버이 저 라 바이 저 바 냠 풑 쌍

⋯▸ Bây giờ là đúng 8 giờ tối. 밤 8시 정각입니다.
버이 저 라 둥 땀 저 또이

2 Anh xuất phát lúc mấy giờ?
아잉(안) 쑤얼 팥 룩 머이 저
몇 시에 출발합니까?

Anh đến lúc mấy giờ?
아잉(안) 덴 룩 머이 저
몇 시에 도착합니까?

▸ xuất phát 쑤얼 팥 출발하다
↔ đến 덴 도착하다

Lớp học bắt đầu lúc mấy giờ?
롭 혹 받 더우 룩 머이 저
수업은 몇 시에 시작합니까?

Lớp học kết thúc lúc mấy giờ?
롭 혹 껟툭 룩 머이 저
수업은 몇 시에 끝납니까?

▸ lớp học 롭 혹 수업
bắt đầu 받 더우 시작하다
↔ kết thúc 껟 툭 끝나다

Bài 6
06 오늘이 몇 일입니까?
Hôm nay là ngày mấy?
홈 나이 라 응아이 머이

Mai Nga

반 짜이 또이 어 한 꾸옥 쌉 덴 비엘 남
Bạn trai tôi ở Hàn Quốc sắp đến Việt Nam.

Min-soo

오, 하이 꾸아, 꼬 쭈위엔 지 버이
Ồ, hay quá! Có chuyện gì vậy?

홈 나이 라 씽 녇 꾸어 또이
Hôm nay là sinh nhật của tôi.

오, 쭉 믕 씽 녇 응아
Ồ, chúc mừng sinh nhật Nga.

깜 언 아잉(안). 또이 딘 쌔 람 띠엑 씽 녇 바오 트 싸우
Cám ơn anh. Tôi định sẽ làm tiệc sinh nhật vào thứ sáu.
아잉(안) 꼬 테 덴 콩
Anh có thể đến không?

지(이) 니엔 로이(=조이). 능 트 싸우 라 응아이 머이
Dĩ nhiên rồi. Nhưng thứ sáu là ngày mấy?

응아이 몽 남 탕 땀
Ngày mồng 5 tháng 8.

벙, 깜 언 찌 다 머이 또이
Vâng, cám ơn chị đã mời tôi.

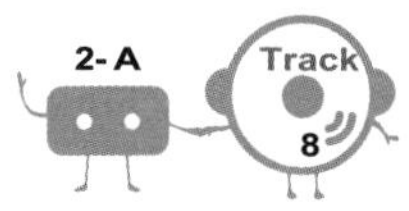

마이응아	(이제 곧) 한국에 있는 남자친구가 베트남으로 올 겁니다.
민수	오, 좋겠군요. 무슨 일 있습니까?
마이응아	오늘이 제 생일입니다.
민수	어머나, 생일 축하합니다.
마이응아	감사합니다. 그래서 금요일에 파티를 하려고 합니다. 파티에 와 주실 수 있습니까?
민수	물론이지요. 그런데, 금요일이 몇 일입니까?
마이응아	8월 5일입니다.
민수	알겠습니다. 초대해 주셔서 감사합니다.

단어

- □ Bạn trai 반 짜이 — 남자친구
- □ sắp 쌉 — 곧
- □ đến 덴 — 오다
- □ Ồ 오 — 오!, 어머나! 의성어
- □ hay 하이 — 좋다
- □ quá 꾸아 — 아주
- □ chuyện 쭈위엔 — 일matter
- □ vậy 버이 — 물어볼 때 문장 끝에 넣는 단어
- □ hôm nay 홈 나이 — 오늘
- □ sinh nhật 씽 녇 — 생일
  tiệc sinh nhật 띠엑 씽 녇 — 생일파티
- □ chúc mừng 쭉 믕 — 축하
- □ vào 바오(야오) — 들어오다
- □ thứ sáu 트 싸우 — 금요일
- □ định 딩 — ~하려고 하다
- □ sẽ 쌔 — ~할 것이다 will, shall
- □ có thể 꼬 테 — 할 수 있다
- □ ngày 응아이 — 일日
- □ tháng 탕 — 월月
- □ đã 다 — ~했다 과거
- □ mời 머이 — 초대하다

06 아주 쉬운 해설

~일, ~월, ~년

날짜와 월을 물어보는 표현은 다음과 같다.

예) 홈 나이 라 응아이 바오 니에우
Hôm nay là ngày bao nhiêu? 오늘은 며칠입니까?

홈 나이 라 응아이 몽 하이
⋯▸ Hôm nay là ngày mồng hai. 오늘은 2일입니다.

mồng 몽 은 1일에서 10일 사이의 날짜 앞에 붙이는 전치사이다.

탕 머이
Tháng mấy? 몇 월입니까?

▸ mấy 머이 몇 의문사

bao nhiêu 대신에 mấy 를 쓴다.
bao nhiêu는 10이상의 수나 양을 물을 때에 쓰며,부사로 많이, 많다의 뜻도 갖고 있다.
이에 반해, mấy는 10이하의 수나 양을 물을 때에 사용한다.

남 바오 니에우
Năm bao nhiêu? 몇 년입니까?

▸ bao nhiêu 바오 니에우 몇 의문사

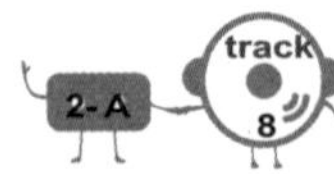

베트남어	뜻	베트남어	뜻
hôm nay 홈 나이	오늘	hôm qua 홈 꾸아	어제
ngày mai 응아이 마이	내일	hôm kia 홈 끼아	그저께
ngày kia 응아이 끼아	모레		

일요일은 chủ nhật 쭈 녇 이고, 월 · 화 · 수 · 목 · 금 · 토는 둘째, 셋째, 넷째, 다섯째, 여섯째, 일곱째 라는 의미의 서수를 사용한다.

track 8 2-A

요일	일요일	월요일	화요일	수요일	목요일	금요일	토요일
베트남어	chủ nhật 쭈 녇	thứ hai 트 하이	thứ ba 트 바	thứ tư 트 뜨	thứ năm 트 남	thứ sáu 트 싸우	thứ bảy 트 바이

제 1, 즉 일요일은 thứ một 트 몯 이 아니라 chủ nhật 쭈 녇 이다.
제 4, 수요일은 thứ bốn 트 본 이 아니라 thứ tư 트 뜨 이다.

홈 나이 라 (응아이) 트 머이
예 Hôm nay là (ngày) thứ mấy? 오늘은 무슨 요일입니까?

2 sắp 곧 ~할 것이다, 막 ~하려고 하다

1. 긍정문

sắp은 쌉 곧 ~할 것이다, 이제, 곧의 의미로, 가까운 미래를 나타내며, 영어의 be about to 에 해당한다. 미래를 나타내는 sẽ 쌔 ~할 것이다 영어의 will 와 비교해 알아두도록 하자.

아잉(안) 어이 쌉 덴
예 Anh ấy sắp đến. 그는 곧 도착할 예정이다.

또이 쌉 디 람
Tôi sắp đi làm. 나는 잠시 후 일하러 갈 것입니다.

비교 sẽ ~할 것이다 미래에 일어날 일을 표현할 때

탕 싸우, 또이 쌔 베 느억
예 Tháng sau, tôi sẽ về nước. 다음달에 저는 귀국해요.

또이 쌔 디 람
Tôi sẽ đi làm. 나는 일하러 갈 것입니다.

2. 의문문 주어 S + sắp 쌉 + 동사 V + ~chưa ? 쯔어

sắp을 이용한 의문문은 문장 뒤에 chưa? 쯔어 를 붙이면 되며, 대답은

긍정 ○ sắp 쌉 ~ rồi 로이(=조이)

부정 × Chưa 쯔어 ~chưa 쯔어 가 된다.

예
아잉(안) 어이 쌉 디 람 쯔어
Anh ấy sắp đi làm chưa? 그는 곧 일하러 갈 것입니까?

아잉(안) 어이 쌉 디 람 로이(=조이)
···› Anh ấy sắp đi làm rồi. 그는 곧 일하러 갈 것입니다.

이미 일할 준비가 끝났으므로, 완료의 의미인 rồi를 사용한다.

쯔어, 아잉(안) 어이 쯔어 디 람
···› Chưa, anh ấy chưa đi làm. 아니오, 그는 바로 일하러 가지는 않을 것입니다.

아직 일할 준비가 덜 되었으므로, 부정의 의미인 chưa를 사용한다. 

3 bao giờ 언제

bao giờ는 그 위치에 주의해야 한다. 시점에 관해 질문할 때 사용된다. 문장의 처음에 오면, bao giờ 바오 저 는 미래의 시점에 관한 질문이며, 문장의 끝에 오면 과거에 대해 질문하는 것이다.

예
바오 저 아잉(안) 디
Bao giờ anh đi?
언제 갈꺼야?

응아이 마이
···› Ngày mai.
내일.

아잉(안) 디 바오 저
Anh đi bao giờ?
언제 갔었어?

홈 꾸아
···› Hôm qua.
어제.

định ~하려고 하다, ~할 작정이다

가까운 미래의 계획이나 예정을 나타내는 미래표현으로, 의지나 계획의 표현이 담겨있다.

예

또이 딩 쌔 디 비엣 남
Tôi định sẽ đi Việt Nam. 나는 베트남에 가려고 한다.

또이 딩 쌔 디 주 혹 어 까나다
Tôi định sẽ đi du học ở Canada.
나는 캐나다에 유학하러 갈 예정이다.

베트남에서 통하는 회화따라하기

요일 묻고 답하기

Hôm nay là chủ nhật.
홈 나이 라 쯔 녇
오늘은 일요일입니다.
Hôm nay là thứ mấy?
홈 나이 라 트 머이
오늘은 무슨 요일입니까?

···› Hôm nay là 홈 나이 라	chủ nhật. 쭈 녇	오늘은 일요일입니다.
	thứ hai 트 하이	월요일
	thứ ba 트 바	화요일
	thứ tư 트 뜨	수요일
	thứ năm 트 남	목요일
	thứ sáu 트 싸우	금요일
	thứ bảy 트 바이	토요일

잘 듣고 따라 해 보세요~

날짜 묻고 답하기

1 Bây giờ là tháng mấy? 지금은 몇 월입니까?
버이 저 라 탕 머이

월 ▸ Bây giờ là ______________ . 지금은 _________ 입니다.

1월	2월	3월	4월	5월	6월
tháng giêng /tháng một 탕 지엥/몯	tháng hai 탕 하이	tháng ba 탕 바	tháng tư 탕 뜨	tháng năm 탕 남	tháng sáu 탕 싸우
7월	**8월**	**9월**	**10월**	**11월**	**12월**
tháng bảy 탕 바이	tháng tám 탕 땀	tháng chín 탕 찐	tháng mười 탕 므어이	tháng mười một 탕 므어이 몯	tháng mười hai 탕 므어이 하이

2 Hôm nay là ngày mấy tháng mấy? 오늘은 몇 월 며칠입니까?
홈 나이 라 응아이 머이 탕 머이

→ (Hôm nay là) ngày 15 tháng 8 năm 2006.
(홈 나이 라) 응아이 므어이 람 탕 땀 남 하이 응인 링 싸우
2006년 8월 15일 15/8, 2006
우리나라와 달리 일/월, 년 순으로 쓴다. 

(Hôm nay là) ngày 20 tháng 11 năm 2007.
(홈 나이 라) 응아이 하이 므어이 탕 므어이 몯 남 하이 응인 링 바이
2007년 11월 20일 20/11/2007

(Hôm nay là) ngày 3 tháng 3 năm 2008.
(홈 나이 라) 응아이 바 탕 바 남 하이 응인 링 땀
2008년 3월 3일 3/3/2008

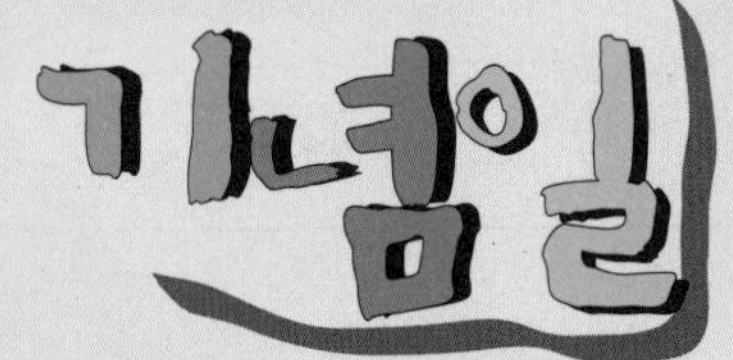

베트남은 기념일은 많지만 쉬는 날은 많지 않다.
공식 공휴일 **Ngày nghỉ** 응아이 응이 은 1월 1일 양력 설, 음력 설 3일, 4월30일 사이공해방일, 5월1일 노동자의 날, 9월2일 국경일 모두 7일뿐이다.

설날 Ngày tết 음력 1월 1일~3일

공식적인 연휴는 3일간이지만 국가기관을 제외한 개인 상점들은 짧게는 1주 길게는 1달 가량을 쉰다. 그래서 베트남사람들에게 음력 1월은 쉬는 달과 마찬가지다. 설 이전에 제사에 사용할 음식들을 준비하며, 집안 대청소를 하고, 설빔과 새로운 살림 살이를 장만한다.

여성의 날 Ngày phụ nữ quốc tế 3월 8일

우리나라도 점차 여성의 지위가 높아지고 있지만, 우리나라와는 달리 베트남은 여성의 사회 참여가 많아요. 그리고 가정에서 여성의 역할 또한 지대하죠.
베트남 여성은 거의 대부분이 가사일 뿐 아니라 직장 생활이나 부업을 하기 때문에 많은 노동을 감당한답니다. 그래서 이 날만은 집안 여성들이 일을 하지 않고 남자들이 많은 것을 도와줘야 해요.

해방기념일
Ngày giải phóng miền Nam 4월 30일

1975년 4월 30일 미국으로부터의 독립을 기념하는 날이다.

노동자의 날 Ngày lao động quốc tế
5월 1일

이 날은 모든 근로자가 쉬어.

부처님 오신날
Ngày lễ Phật Đản 음력 4월 보름

부처님이 태어난 날로 불교 신자들은 빠짐없이 가까운 절을 찾는다.

어린이 날 Ngày quốc tế thiếu nhi 6월 1일

어린이를 둔 집은 공원에 놀러 가거나 연극구경 등을 간다. 시골에서는 관공서에서 초등학교 학생들에게 사탕 **Bánh kẹo** 바잉 (반) 깨오 를 무료로 나누어 주기도 한다.
우리나라와는 달리 어린 아이들만 쉬는 날이다.

부란 Vu Lan 음력 7월 보름

불교 명절로 죽은 영혼들이 집을 찾는 날이다. 특히 견우 Ngưu Lang 응우 랑와 직녀 Chức Nữ 쭉 느의 사랑 이야기가 베트남에도 구전되고 있다.

왕궁에서 하녀로 일하던 직녀가 어느 날 귀한 찻잔을 깨뜨려 쫓겨나게 된다. 사랑하던 견우와는 일년에 한번 만날 수 있는데 응안하 Ngân Hà 응안 하라는 강을 건너야 한다. 이때 새들이 나뭇가지로 다리를 놓아 견우와 직녀가 만난다는 이야기다. 베트남에도 이 때쯤이면 비가 많이 내린다. 이 비를 견우와 직녀의 눈물이라 한다.

추석 Tết Trung thu 음력 8월 보름

가정마다 추석빵 Bánh Trung Thu 바잉(반) 쭝 투를 사거나 만들어 식구들과 함께 먹는다. 아이들은 밤이 되면 Đèn lồng 덴 롱 이라 불리는 별 모양의 등을 들고 다닌다. 재미있는 것은 Múa Lân 무아 런 이란 춤이다. 용과 비슷하게 생긴 길다란 모양의 탈에 몇 사람이 들어가서 춤을 추며 뒤에는 배가 불룩한 Ông địa 옹 디아 라 불리는 지신地神의 탈을 쓴 사람이 따른다. 그리고 Tề Thiên 떼 디엔 이라 불리는 북치는 무리들도 따른다. 이 무리들은 각각 집마다 돌아다니며 복채를 받는다.

건국기념일
Ngày Quốc khánh
9월 2일

국군의 날
Ngày quân đội nhân dân
12월 22일

<< 역사 박물관

스승의 날 Ngày nhà giáo 11월 20일

스승의 날 한 주 전부터 신문, 방송에는 스승의 날 행사로 무르익는다. 스승의 날에는 선생님들은 각 가정에서 방문하는 학생들을 맞고 이야기 나누기에 바쁘다. 옛 은사들도 많이 찾아 뵙기 때문에 은사들의 집은 하루 종일 제자들로 가득 찬다.

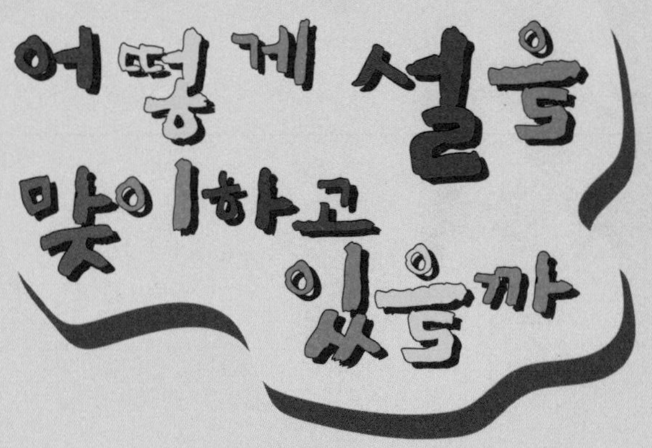

설날에 제사상은 먼지 하나 없을 정도로 깨끗하게 한 다음, 제사를 모시고 "새해를 축하합니다." 혹은 "새해 복 많이 받으세요"등의 글귀를 붙여 놓는다. 제사상은 설날 준비에 있어 제일 중요한 물품이다. 그리고 나서 가족, 친지들과 덕담을 나눈다.

떼엔 리 씨
Tiền lì xì 새뱃돈

쭉 믕 남 머이
Chúc mừng năm mới.
새해 복 많이 받으세요!

람 안 팥 따이
Làm ăn phát tài.
돈 많이 벌고 번창하세요!

2-3일부터는 친구들, 은사들을 찾아 새해 인사
Chúc mừng năm mới 쭉뭉남머이 새해 복 많이 받으세요 와
Làm ăn phát tài 람안팥따이 돈 많이 벌고 번창하세요 라는 덕담을 나눈다.
특히 어린이들은 Tiền lì xì 띠엔리씨 세뱃돈을 어른들로부터 받는다.

설날이 되면 가정마다 빠짐없이 챙겨야 하는 것이 있다.
북부지방은 빨간 복숭아꽃,
남부지방은
노란 매화꽃이다.
북부지방
남부지방

트 우 먼~
Bánh chưng
해먹자.
일년에 이때 아님
언제 먹겠어.
좋아. 우선 찹쌀을 잘 씻은
다음 고기 파 등
양념과 잘 버무려야 해.
버무린 다음, 외부는 Lá dong 생강
나무와 비슷한 나뭇잎 또는
바나나 나무,
코코넛 나뭇잎 등으로
사각형으로 포장해야 하지.
시골에는 구정 전날에 온 동네가
같이 Bánh chưng 을 포장하며
밤을 지새우.
Bánh chưng외에 제사용 과일 코코넛,
바나나 등 및 소고기와
돼지고기, 닭고기 등도
있어야 한다.
킁킁. 이게 무슨 향이지?
평소 하고 좀 다른데..
향인데.
설날 때 피우는 향은
좀 더 독특하지.
open
설빔도 입고
화장도 해야지
~~
짠~
트 우 먼 맞아?
너..너..므..무서버.....
쟤,
왜 저래?

Bài 7

07

당신은 결혼하셨습니까?

Chị đã kết hôn chưa?

찌 다 껠혼 쯔어

Trang

씬 로이, 아잉(안) 다 껠 혼 쯔어
Xin lỗi, anh đã kết hôn chưa?

Tuần

또이 다 껠 혼 로이(=조이). 꼰 짱
Tôi đã kết hôn rồi. Còn Trang?

또이 꼰 독 턴
Tôi còn độc thân.

버이 저 찌 꼬 응어이 이에우 콩
Bây giờ chị có người yêu không?

쯔어 꼬
Chưa có.

자 딩 아잉(안) 꼬 머이 응어이
Gia đình anh có mấy người?

자 딩 또이 꼬 남 응어이
Gia đình tôi có 5 người.

보, 매, 버, 또이 바 꼰 가이 또이
Bố, mẹ, vợ, tôi và con gái tôi.

꼰 가이 아잉(안) 머이 뚜오이
Con gái anh mấy tuổi?

하이 뚜오이 로이(=조이)
2 tuổi rồi.

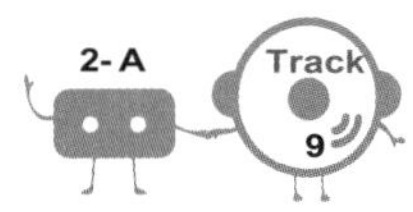

짱	실례지만, 당신은 결혼하셨습니까?
투언	예, 결혼했습니다. 짱씨는요? (아직 결혼하지 않았나요?)
짱	저는 아직 독신입니다.
투언	지금(현재) 애인은 있습니까?
짱	아직 없습니다. 당신의 가족은 몇 명입니까?
투언	저희 가족은 모두 5명입니다. 아버지, 어머니, 아내와 저, 그리고 딸이 있습니다.
짱	딸은 몇 살입니까?
투언	2살입니다.

단어

- □ kết hôn 껱 혼 — 결혼하다
- □ còn 꼰 — 아직 ~이다
- □ độc thân 독 턴 — 독신
- □ Bây giờ 버이 저 — 지금
- □ người yêu 응어이 이에우 — 애인
- □ chưa 쯔어 — 아직, 여전히 ~않다
- □ gia đình 자 딩 — 가족
- □ mấy người 머이 응어이 — 몇 명
- □ 북 bố 보 남 ba 바 — 아버지
- □ 북 mẹ 메 남 má 마 — 어머니
- □ vợ 버 — 부인, 아내
- chồng 쫑 — 남편
- □ con gái 꼰 가이 — 딸
- □ mấy tuổi 머이 뚜오이 — 몇 살

07 아주 쉬운 해설

1 chưa — 이미 ~했습니까?

chưa 쯔어 는 아직, 이미라는 뜻으로, 이미 일어났거나 아직 일어 나지 않은 동작이나 상태에 대하여 질문할 때 사용한다.
đã는 과거를 나타내는 시제사이다.

꼬 다 안 껌 쯔어
예 Cô đã ăn cơm chưa? — 당신은 식사했어요?

자, 또이 다 안 껌 로이(=조이)
···› Dạ, tôi đã ăn cơm rồi. — 예, 저는 식사했어요.

쯔어, 또이 쯔어 안 껌
···› Chưa, tôi chưa ăn cơm. — 아니오, 아직 안 먹었어요.

2 còn — 아직, 여전히

còn은 아직(여전히) ~하다라는 뜻으로 동사구 앞에 위치한다. 어떤 상태나 행동이 아직 끝나지 않고, 계속되는 것을 나타내는 부사이다.

아잉(안) 어이 꼰 독 턴
예 Anh ấy còn độc thân. — 그는 (여전히) 독신이다.

동사구 앞에 오는 부사

vẫn 번 — 여전히, 변함없이

뎀 쿠야 로이(=조이) 늉 노 번 혹 바이
예 Đêm khuya rồi nhưng nó vẫn học bài.
밤이 늦었지만, 그는 여전히 공부를 하고 있다.

cũng 꿍 — ~라도, 역시

주 쩨 늉 꿍 덴 녜
예 Dù trễ nhưng cũng đến nhé! — 늦더라도 꼭 오십시오.

아잉(안) 어이 라 싱 비엔. 또이 꿍 라 싱 비엔
Anh ấy là sinh viên. Tôi cũng là sinh viên.
그는 대학생입니다. 나도 역시 대학생입니다.

đều 데우 모두

떨 까 데우 라 응어이 비엗 남
예 Tất cả đều là người Việt Nam. 모두 베트남 사람입니다.

3 Có ~ không? ~이 있습니까?

아잉(안) 꼬 반 가이 콩
Anh có bạn gái không?
당신은 있습니 여자 친구 까?

여자친구가 있습니까?

대답

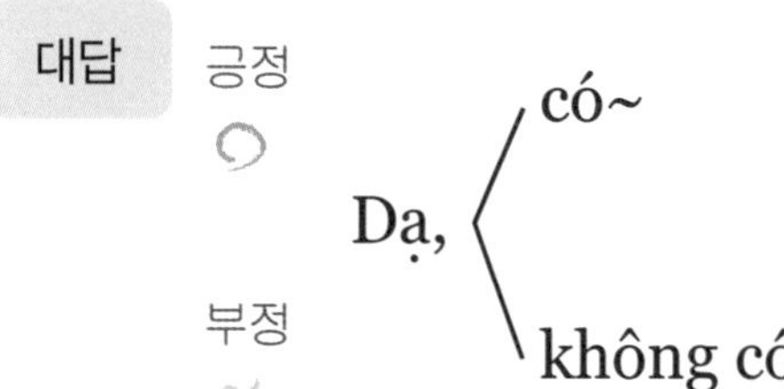

또이 꼬 반 가이
→ Tôi có bạn gái.
나는 여자친구가 있습니다.

또이 콩 꼬 반 가이
→ Tôi không có bạn gái.
나는 여자친구가 없습니다.

아잉(안) 어이 꼬 쌔 허이 콩
예 Anh ấy có xe hơi không? 그는 차가 있습니까?

▶ xe hơi 쌔 허이 차

또이 꼬 마이 비 띤
Tôi có máy vi tính. 나는 컴퓨터가 있습니다.

▶ máy vi tính 마이 비 띤 컴퓨터

또이 콩 꼬 니에우 띠엔
Tôi không có nhiều tiền. 나는 돈이 얼마 없습니다.

▶ nhiều 니에우 돈
tiền 띠엔 돈

4 mấy người? 몇 명

~명

사람을 세는 법은 다음과 같다.

예
몯 응어이
Một người 1명

하이 응어이
Hai người 2명

므어이 응어이
Mười người 10명

조수사		뜻	조수사		뜻
~ người	응어이	~명	lần	런	~회, ~번
~ tá	따	~다스	mét	멜	~미터
~ con	꼰	~개 움직일 수 있는 것	cái	까이	~개 움직일 수 없는 것
đồng Việt Nam	동 비엘 남	~동베트남 화폐	đô la Mỹ	도 라 미	~달러미국

예
롭 혹 꼬 하이 므어이(하이 쭉) 응어이
Lớp học có 20 người. 수업에 20명이 있다.

▸ lớp học 롭 혹 강의, 수업

20, 30, 40 등 1의 단위가 0일 때는 mươi를 chục으로 바꾸어 쓰기도 한다. 

반 퐁 꼬 므어이 년 비엔
Văn phòng có 10 nhân viên. 사무실에 10명의 직원이 있다.

▸ văn phòng 반 퐁 사무실
nhân viên 년 비엔 직원

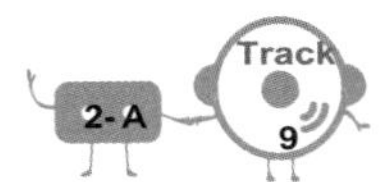

여러가지 호칭

가족 gia đình 자 딩

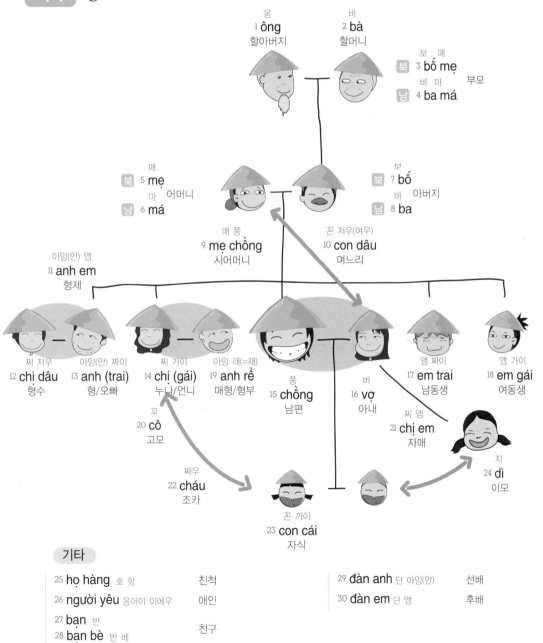

옹 1 ông 할아버지
바 2 bà 할머니
북 보 매 3 bố mẹ / 남 바 마 4 ba má — 부모
북 매 5 mẹ / 남 마 6 má — 어머니
북 보 7 bố / 남 바 8 ba — 아버지
매 쫑 9 mẹ chồng 시어머니
꼰 저우(여우) 10 con dâu 며느리
아잉(안) 앰 11 anh em 형제
찌 저우 12 chị dâu 형수
아잉(안) 짜이 13 anh (trai) 형/오빠
찌 가이 14 chị (gái) 누나/언니
쫑 15 chồng 남편
버 16 vợ 아내
앰 짜이 17 em trai 남동생
앰 가이 18 em gái 여동생
아잉 래(=재) 19 anh rể 매형/형부
꼬 20 cô 고모
찌 앰 21 chị em 자매
짜우 22 cháu 조카
꼰 까이 23 con cái 자식
지 24 dì 이모

기타

25 họ hàng 호 항 — 친척
26 người yêu 응어이 이에우 — 애인
27 bạn 반 / 28 bạn bè 반 베 — 친구
29 đàn anh 단 아잉(안) — 선배
30 đàn em 단 앰 — 후배

잘 듣고 따라 해 보세요~

사람세기

Có tất cả mấy người? 모두 몇 명 있습니까?
꼬 떧까 머이 응어이

⋯→ Có 2 người. 2명 있습니다.
꼬 하이 응어이

⋯→ Có 3 người. 3명 있습니다.
꼬 바 응어이

⋯→ Có 4 người. 4명 있습니다.
꼬 본 응어이

⋯→ Không (cô). 없습니다.
콩 (꼬)

나이묻기

Mấy tuổi 머이 뚜오이 어린이에게 나이 물을 때
Bao nhiêu tuổi 바오 니에우 뚜오이 자기보다 나이가 더 많은 사람에게 물을 때
▶ p86 숫자읽기 참조

Con trai của anh mấy tuổi? 아들은 몇 살 입니까?
꼰 짜이 꾸어 아잉(안) 머이 뚜오이

⋯→ 7 tuổi. 7살 입니다.
바이 뚜오이

Chồng của chị bao nhiêu tuổi? 남편은 몇 살 입니까?
쫑 꾸어 찌 바오 니에우 뚜오이

⋯→ 30 tuổi. 30살입니다.
바 므어이 뚜오이

Mẹ(má) anh bao nhiêu tuổi? 어머니는 몇 살 입니까?
매(마) 아잉(안) 바오 니에우 뚜오이

⋯→ 53 tuổi. 53살입니다.
남 므어이 바 뚜오이

생활예절

베트남 사람들은
한국과 마찬가지로
예절을 상당히 중요하게 생각해.

이사람이!
못배워서
이런거야!!

베트남에선 말야
이런경우가 없다고!!

너... 침
좀 튄다..

어쩌구~
저쩌구~

대충 좀
넘어 갑시다~

또한, 유쾌하지 않은 주제는
가능한 피하는 편이지.

1 노인들은 항상 공경해야 한다.

노인들은 늘 존경의 대상으로 젊은 사람들은 항상 나이 든 사람에게 먼저 인사를 한다.

또한 종교적인 물건이나 존경받는 정치인들의 사진은 중요하게 다룬다.

2 선물을 자주 주고 받는다.

남의 집을 방문하거나 생일축하를 할 때는 과일이나 꽃, 화분 같은 작은 선물을 가져가는 것이 좋다.
또한 설날이나 결혼식 같은 특별한 날에는 선물을 주는 일이 더욱 중요하다.

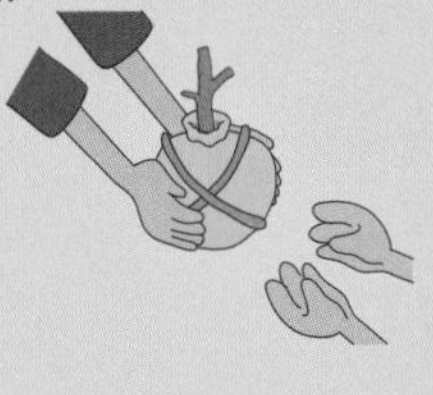

불교에서는 선물을
주는 일이 다음 생을
위한 공덕을 쌓는
길이야~
그러니 내가 득이지.
트우먼~
너 너무하는거 아냐?
여하튼 고마워~
선물은 나중에 풀어 볼게

3 과일과 음료수를 대접한다.

베트남 사람들은 집에 손님이 오면 보통 음료수와 과일을 대접한다. 커피보다는 홍차나 과일쥬스, 청량음료를 대접하는 것이 좋다.

4 불교와 기독교가 대부분이다.

베트남의 종교는 불교와 기독교가 주를 이루며, 이외 기타 소수종교도 많다. 초대 손님의 종교에 따라 음식을 대접하는 것도 좋은 사교방법이다.

보통 디저트를 먹지 않으므로 케이크나 쿠키와 같이 단 것 대신 신선한 과일을 준비하는 편이 좋다.

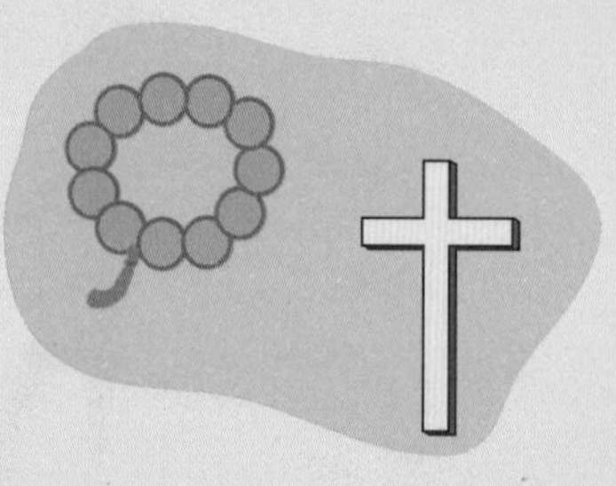

5 약속은 꼭 지켜야 한다.

상대방의 초대를 받으면 가능 여부를 꼭 알려준다. 왜냐하면 식사나 행사에 초대받는 외국인은 중요한 손님인 경우가 대부분이기 때문이다.

또 행사 중에는 정확하게 행동하므로 시간에 맞춰 방문하는 것이 좋아.

초대해 준 주인을 존중하는 의미에서 옷을 단정히 입어야겠지만 지나치게 꾸밀 필요는 없어.

6 식사 초대 예절은 남부와 북부가 다르다.

차린 것은 없지만 많이 먹어! 안 먹으면 화낼거야.
먹은지 얼마 되지 않았어.. 흥분하지마~
북부사람들은 누군가 음식을 권한다 하더라도, 함께 한 일이 많지 않다면 가능한 그 자리에 참석하지 않아.
남부사람
북부사람

예의상 배가 불러도 먹어야지.
응- 밥 줘~
너 저녁 먹으러 집에 가고 싶지 않아?
이런관습의 차이는 음식을 대접할 여유가 없었기 때문인 것 같아. 하지만 지금은 많이 변하여 서로 초대하고 방문하지.
남부사람
북부사람

식사하는 도중에 인사를 해야 한댔지?
너무 맛있네요~

또한 식사를 하는 도중에는 즉석에서 감사의 인사를 하는 것도 좋다.
음료는 가능한 커피나 물, 홍차 등 간편한 것이 무난하다.

식사비는 우리와 마찬가지로 가장 나이가 많은 사람이 지불하는 것이 일반적이다.
그러나 젊은이들은 더치페이가 일반화되어 가고 있다.
손님을 초대하였을 때에는 초청한 사람이 지불한다.

Bài 8

08 한가할 때, 주로 무슨 일을 하세요?

Khi rảnh, chị thường làm gì?

키 라잉, 찌 트엉 람 지

Min-soo

키 라잉, 찌 트엉 람 지, 찌 번
Khi rảnh, chị thường làm gì, chị Vân?

Hồng Vân

밍 트엉 디 탐 반 배, 디 쩌이 하이 디 무아 쌈
Mình thường đi thăm bạn bè, đi chơi hay đi mua sắm.

꼰 아잉(안) 아잉(안) 트엉 람 지
Còn anh, anh thường làm gì?

써 틱 꾸어 또이 라 쌤 핌
Sở thích của tôi là xem phim.

비 테, 또이 트엉 디 쌤 핌
Vì thế, tôi thường đi xem phim.

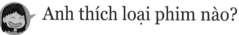

아잉(안) 틱 로아이 핌 나오?
Anh thích loại phim nào?

또이 럳(=젇) 틱 핌 하이
Tôi rất thích phim hài.

또이 콩 틱 쌤 핌 하잉(한) 동
Tôi không thích xem phim hành động.

찌 다 쌤 핌 한 꾸옥 바오 저 쯔어
Chị đã xem phim Hàn Quốc bao giờ chưa?

또이 다 쌤 로이(=조이). 핌 한 꾸옥 럳(=젇) 하이
Tôi đã xem rồi. Phim Hàn Quốc rất hay.

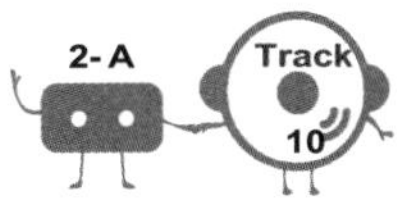

민수	한가할 때, 주로 무엇을 하십니까?
홍번	저는 주로 친구 집에 놀러 가거나 쇼핑을 하러 갑니다. 당신은 무엇을 하십니까?
민수	저의 취미는 영화보기입니다. 그래서 영화를 자주 봅니다.
홍번	당신은 어떤 종류의 영화를 좋아합니까?
민수	저는 코미디 영화를 아주 좋아합니다. 액션영화는 그다지 좋아하지 않습니다. 혹시 한국영화를 본 적이 있습니까?
홍번	예, 본 적이 있습니다. 한국영화는 매우 재미있습니다.

단어

- □ khi rảnh 키 자잉(라잉) — 한가하다
- □ thường 트엉 — 보통, 자주
- □ thăm 탐 — 방문하다, 만나다
- □ bạn bè 반 배 — 친구
  - thăm bạn bè 탐 반 배 — 친구를 방문하다
- □ chơi 쩌이 — 놀다
  - đi chơi 디 쩌이 — 놀러가다
- □ hay 하이 — ~이거나 영어의 or
- □ mua sắm 무아 쌈 — 물건을 사다, 쇼핑하다
- □ vì thế 비 테 — 그래서
- □ hài 하이 — 우스운, 재미있는, 코미디
- □ xem phim 쌤 핌 — 영화를 보다
- □ hành động 하잉(한) 동 — 액션
- □ sở thích 써 틱 — 취미
- □ loại 로아이 — 종류
- □ hay 하이 — 재미있는

08 아주 쉬운 해설

1 ~ hay ~ ~하거나 ~하다

hay는 ~하거나 ~하다라는 뜻으로 이미 앞에서 학습한 바 있다. p84 참조
여기서는 이외에, 주요 접속사에 대해 알아보자.

và 바 ~와, 그리고

꼬 쎈 꼬 테 노이 띠엥 한 꾸옥 바 띠엥 아잉(안)
예 Cô Sen có thể nói tiếng Hàn Quốc và tiếng Anh.
쎈 선생님은 한국어와 영어를 할 수 있다.

아잉(안) 득 꼬 몯 꼰 짜이 바 몯 꼰 가이
Anh Đức có một con trai và một con gái.
득씨는 아들이 한 명 있습니다. 그리고 딸도 한 명 있습니다.

nhưng 능 그러나

까오 아오 나이 댑 능 럳(=젇) 닫
예 Cái áo này đẹp nhưng rất đắt. 이 옷은 예쁘다. 그러나 아주 비싸다.

짜이 따오 나이 래 능 럳(=젇) 응온
Trái táo này rẻ nhưng rất ngon. 이 사과는 싸지만 매우 맛있습니다.

rồi 로이(=조이) 그리고 나서

번 람 쏭 바이 떱 로이(=조이) 디 응우
예 Vân làm xong bài tập rồi đi ngủ. 번이 숙제를 다 하고 나서 잠을 자러 간다.

▶ bài tập 바이 떱 숙제

짱 껟 혼 버이 뚜언 로이(=조이) 씽 하이 드어 꼰 가이
Trang kết hôn với Tuấn rồi sinh 2 đứa con gái.
짱이 투언이랑 결혼하고 나서 딸을 2명을 낳았다.

▶ sinh 씽 낳다
đứa 드어 ~명

nên / cho nên 넨 / 쪼 넨 그래서, 그러므로

비 꼬 반 가이 어 한 꾸옥 넨 훙 콩 무온 베 비엘 남
예 Vì có bạn gái ở Hàn Quốc nên Hùng không muốn về Việt Nam.
한국에 여자친구가 있기 때문에 훙은 베트남에 돌아가고 싶지않다.

비 쩌이 므아 넨 후위엔 콩 무온 디
Vì trời mưa nên Huyền không muốn đi.
비가 오기 때문에 후위엔은 가고 싶지 않다

do đó 조 도 그렇기 때문에

홈 꾸아 안 까이 냐우 버이 반 가이. 조 도 홈 나이 안 럳(=젇) 부온
예 Hôm qua An cãi nhau với bạn gái. Do đó, hôm nay An rất buồn.
어제 안이 여자친구랑 싸웠다. 그렇기 때문에 오늘은 아주 슬프다.

2 mình 문맥에서 본인을 가리킬 때

대명사, 인칭을 나타내는 말로 친밀하게 본인을 가리키기 위해 사용한다.
또한, 말하게 되는 주체 본인을 가리키기 위해 사용하기도 한다.

밍 럳(=젇) 갣 핌 바오 륵
예 Mình rất ghét phim bạo lực. 나는 폭력영화를 아주 싫어해요.
▸ ghét 갣 싫어하다

노 찌 응이 덴 밍
Nó chỉ nghĩ đến mình.
그는 자기 밖에 생각 못 한다.(자기밖에 모른다.)
▸ nghĩ 응이 생각하다

깍 아잉(안) 어이 콩 무온 노이 베 밍
Các anh ấy không muốn nói về mình.
그들은 그들에 대해 이야기하고 싶어하지 않는다.
▸ muốn 무온 원하다, ~하고 싶다
về 베 ~에 대한

3 sở thích 취미

써 틱 꾸어 또이 라 쌤 핌
예 Sở thích của tôi là xem phim.
나의 취미는 영화를 보는 것이다.

써 틱 꾸어 안 라 쩌이 겜
Sở thích của An là chơi game.
안의 취미는 게임 하는 것이다.
▸ chơi game 쩌이 겜 게임 하기

4 thích ~를 좋아하다

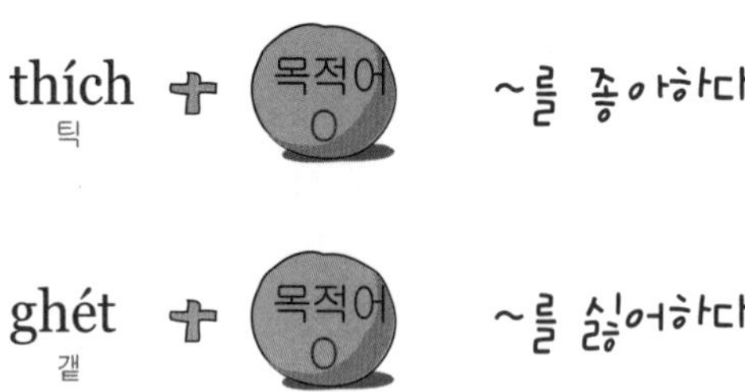

단, 사람을 좋아한다고 할 때는 **thích** 틱 이 아니라 **quý** 꾸이 를 사용한다.

예 투언 틱 핌 호앝 힝
Tuấn thích phim hoạt hình. 투언은 애니메이션을 좋아한다.

▸ phim hoạt hình 핌 호앝 힝 Animation

짱 틱 쪼 바 겥 매오
Trang thích chó và ghét mèo.
짱은 강아지를 좋아하고 고양이를 싫어한다.

▸ chó 쪼 강아지
mèo 매오 고양이

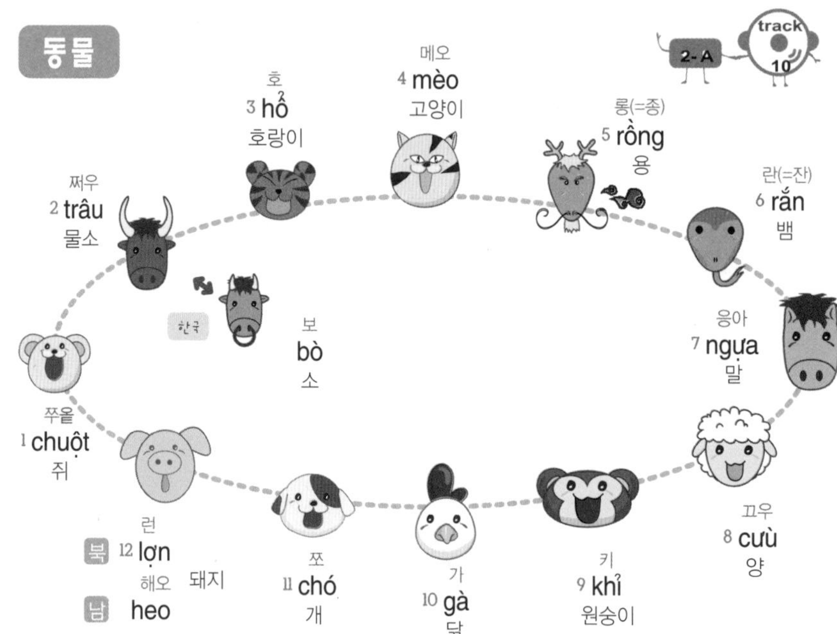

5 Đã...bao giờ chưa? ~한 적이 있습니까?

아잉(안) 다 디 하 노이 바오 저 쯔어
Anh đã đi Hà Nội bao giờ chưa?
하노이에 가본 적이 있나요?

아잉(안) 다 쌤 핌 비엩 남 바오 저 쯔어
Anh đã xem phim Việt Nam bao giờ chưa?
베트남 영화를 본 적이 있나요?

아잉(안) 다 갑 꼬 어이 바오 저 쯔어
Anh đã gặp cô ấy bao giờ chưa?
그녀를 만나 본 적이 있나요?

6 rất 매우

꼬 어이 렅(=젙) 댑
Cô ấy rất đẹp. 그녀는 아주 아름답다.

또이 렅(=젙) 틱 하 노이
Tôi rất thích Hà Nội. 나는 하노이를 아주 좋아한다.

버이 저 또이 렅(=젙) 멭
Bây giờ tôi rất mệt. 지금 나는 아주 피곤하다.

▶ mệt 멭 피곤하다

베트남에서 통하는 회화따라하기

취미 말하기

Sở thích của anh(chị) là gì? 당신의 취미는 무엇입니까?
써 틱 꾸어 아잉(안) (찌) 라 지

···› Sở thích của tôi là chơi thể thao. 나의 취미는 운동입니다.
써 틱 꾸어 토이 라 쩌이 테 타오

···› Sở thích của tôi là đọc sách. 나의 취미는 독서입니다.
써 틱 꾸어 토이 라 독 싸익

···› Sở thích của tôi là chơi game. 나의 취미는 게임을 하는 것입니다.
써 틱 꾸어 토이 라 쩌이 겜

···› Sở thích của tôi là xem phim. 나의 취미는 영화보기입니다.
써 틱 꾸어 토이 라 쌤 핌

취미 ▸ Sở thích của tôi là ______________. 나의 취미는 _________ 입니다.

thể thao
테 타오
스포츠

đọc sách
독 싸익
독서

du lịch
주 릭
여행

nấu ăn
너우 안
요리

lái xe
라이 쌔
드라이브

đi dạo
디 자오
산책

nghe nhạc
응애 냑
음악듣기

chụp ảnh
쭙 아잉(안)
사진

xem phim
쌤 핌
영화보기

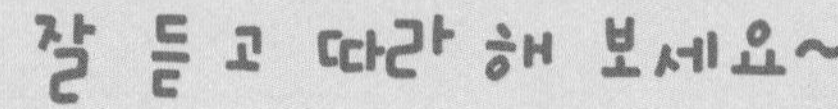

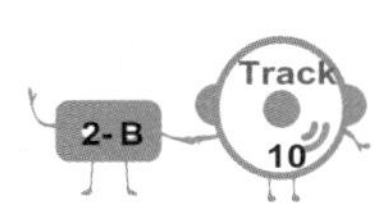

좋고 싫음 말하기

Anh(Chị) có thích bóng đá không? 당신은 축구를 좋아합니까?
아잉(안) (찌) 꼬 틱 봉 다 콩

…› Vâng, tôi thích. 예, 좋아합니다
방, 또이 틱

…› Không, tôi không thích. 아니오, 좋아하지 않습니다.
콩, 토이 콩 틱

…› Tôi không thích lắm. 그다지 좋아하지 않습니다.
또이 콩 틱 람

그저 그렇다라고 대답할 때는 Bình thường 빙 트엉 이라고 한다.

스포츠 ▸ Anh có thích ________ không? 당신은 ________ 을(를) 좋아합니까?

 북 bóng đá 봉 다 / 남 đá banh 다 반 — 축구	 bóng rổ 봉 로(=조) 농구	bơi 버이 수영	 bóng bàn 봉 반 탁구
 tennis 테닛 테니스	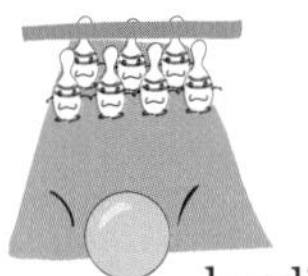 bowling 볼링 볼링	 bida 비자 당구	 đua ngựa 두아 응으어 경마

열대과일

두리안 sầu riêng

베트남 사람들은 싸우지엥 sầu riêng 써우 리엥(=지엥)으로 부르는데 열대과일 중에서는 아주 귀하고 비싼 편이다. 두리안은 수박만한 크기에 겉은 아주 딱딱하고 뾰족한 가시들로 둘러 쌓여 있고, 속은 연한 노란빛의 부드러운 과육으로 속에는 큼직한 씨가 들어있다.

두리안은 달콤하고 부드러운데 너무 비싸단 말이야. 집이라도 팔아서 두리안 먹어야지.

1통당 대략50,000~150,000동, 4~13 USD 정도니 굉장히 비싸긴 하지만 아저씨 너무 하는거 아녜요?

먹고 싶은걸 어떻게 해. 마누라라도 팔아야 겠어

윽~ 마누라 미안해~
정신 차리 세욧!!

램부탄 Chôm Chôm

비가 오니깐 쫌쫌 먹고 싶다.
쫌쫌이 램부탄이랑 같은 거지?
응

하긴 그게 새콤 달콤 하긴 하지. 그래서 여자들이 많이 좋아하잖아.

나는 생긴게 더 좋아.

울퉁 불퉁하고 털이 수북한 껍질이 좀.. 생긴건 아닌데?

못생겼는데 맛있고 속이 투명한 흰색 과육이 나오잖아.. 웬지 못생겨도 내실 있는거 같아서...

생긴거 가지고 그럼 안된다곳!!

파파야 Đu Đủ

남부에서만 생산되는 열대과일로 연중 내내 전국 어디서나 볼 수 있는 흔한 과일이기도 하다. 남부의 메콩델타 지역과 캄보디아 국경지역이 양질의 파파야 생산으로 유명하다.

정말 흔하긴 하지..
잘 익은 파파야의 겉은 호박처럼 딱딱한 껍질에 쌓여 있지만 속은 붉은빛을 띠는 노란색으로 수분이

많고 달며 비타민 A와 C가 풍부해. 덜 익은 파파야는 무처럼 푸르스름한 흰색을 띠는데 베트남요리에서 채소와 같이 많이 쓰여.

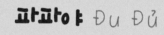

비타민 A C

Bài 9

09

이 길로 곧바로 가세요!

Cô đi thẳng đường này!

꼬 디 탕 드엉 나이

Ngọc Đặng

씬 로이, 찌 람 언 쪼 호이 탐
Xin lỗi, chị làm ơn cho hỏi thăm.

Người đi đường (NĐĐ)

자, 아잉(안) 호이 지
Dạ, anh hỏi gì?

어 건 더이 꼬 브우 디엔 콩 아
Ở gần đây có bưu điện không ạ?

어 건 더이 꼬 브우 디엔 타잉 포. 아잉(안) 디 탕 드엉 나이
Ở gần đây có bưu điện thành phố. Anh đi thẳng đường này.

덴 응아 뜨 아잉(안) 래 벤 짜이, 브우 디엔 어 벤 파이
Đến ngã tư anh rẽ bên trái, bưu điện ở bên phải.

뜨 더이 덴 도 싸 콩 찌
Từ đây đến đó xa không chị?

콩 싸 람 더우. 찌 코앙 므어이 풑 디 보
Không xa lắm đâu. Chỉ khoảng 10 phút đi bộ.

깜 언 찌
Cám ơn chị .

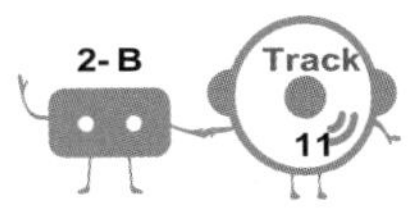

응옥 당이 길에서 우체국을 찾아 행인에게 길을 묻는다.

응옥 당	실례지만, 질문 좀 하겠습니다.
행인	예, 무엇을 도와드릴까요?
응옥 당	근처에 우체국이 있습니까?
행인	근처에 (시내)중앙우체국이 있습니다. 이 길로 직진하세요. 사거리에서 왼쪽으로 돌아가면 오른쪽에 바로 있습니다.
응옥 당	여기에서 거기까지 얼마나 멉니까?
행인	그다지 멀지 않습니다. 걸어서 약 10분 정도 걸립니다.
응옥 당	감사합니다.

단어

- □ làm ơn 람 언 — 호의를 베풀다 (부탁형, 의뢰할 때 정중한 명령형)
- □ hỏi thăm 호이 탐 — 질문하다, 안부를 묻다
- □ bưu điện thành phố 브우 디엔 타잉(탄) 포 — (시내)중앙우체국
- □ thẳng 탕 — 계속하여, 똑바로
- □ ngã tư 응아 뜨 — 사거리
- □ bên trái 벤 짜이 — 왼쪽
- □ rẽ 래 — 돌아가다
- □ bên 벤 — ~쪽, ~편
- □ bên phải 벤 파이 — 오른쪽
- □ xa 싸 — 멀다
- □ đến 덴 — ~까지
- □ từ 뜨 — ~부터
- □ đó 도 — 거기
- □ chỉ 찌 — ~만 하다
- □ khoảng 코앙 — 약, 대략
- □ phút 풋 — 분
- □ đi bộ 디 보 — 걷다

09 아주 쉬운 해설

1 Hỏi gì 무엇을 도와드릴까요?

hỏi gì 는 직역하면 **무슨 질문을 합니까?**라는 뜻으로, 상점이나 서비스 장소에서 손님 등에게 말을 걸 때 사용하는 표현이다. 이와 비슷한 표현으로 **무엇을 도와드릴까요?**라는 뜻으로 다음과 같이 말해도 된다.

예 아잉(안) 무언 쥽 지
Anh muốn giúp gì? 당신은 무슨 도움이 필요합니까?

▶ giúp 쥽 도와주다

또이 꼬 테 쥽 지 쪼 아잉(안)
Tôi có thể giúp gì cho anh?
내가 당신을 도와드릴 수 있는 것이 무엇입니까?

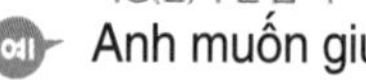

2 Ở gần đây 근처에

❶ gần 건은 **가깝다**라는 뜻이며, xa 싸는 **멀다**라는 뜻이다. 문장의 앞이나 뒤에 올 수 있다.
gần đây는 ¹⁾근처, ²⁾최근이라는 뜻이 있다.

예 건 람
gần lắm 아주 가깝다

아잉(안) 어이 쏭 어 건 더이
Anh ấy sống ở gần đây. 그는 이 근처에 산다.

▶ sống 쏭 살다

콩 싸 람 더우
Không xa lắm đâu. 그다지 멀지 않다.

▶ không... lắm (đâu) 콩...람 더우 그다지 ~하지 않다

❷ 사물의 존재유무를 물을 때의 표현은 다음과 같다.

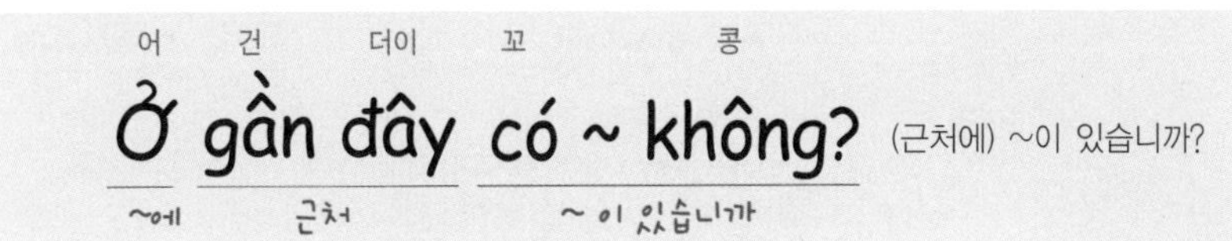

(근처에) ~이 있습니까?

예 어 건 더이 꼬 응언 항 콩
Ở gần đây có ngân hàng không? 근처에 은행이 있습니까?

▶ ngân hàng 응언 항 은행

❸ 장소나 위치를 묻는 표현은 ~ở đâu? 어 더우 를 문장 끝에 붙이면 된다.

예 퐁 베 씽 어 더우
Phòng vệ sinh ở đâu? 화장실은 어디입니까?

더이 라 쪼 나오
Đây là chỗ nào? 여기는 어디입니까?

베트남어	뜻	베트남어	뜻
chỗ này 쪼 나이, đây 더이	여기	chỗ đó 쪼 도	거기
chỗ kia 쪼 끼아	저기	chỗ nào 쪼 나오	어디

명령문 đi ~해라

부드러운 명령을 나타내는 부사로 구어에서 사용되며, 그 형태는 다음과 같다.

이와 비슷한 표현으로 상대에게 권장하는 표현은 다음과 같다.

노이 디
예 Nói đi! — 말해라! ▶ nói 노이 말하다

아잉(안) 디 베 디
Anh đi về đi! — 집으로 가세요.

찌 하이 응오이 쑤옹 디
Chị hãy ngồi xuống đi! — 앉으세요. ▶ ngồi 응오이 앉다

부정명령문은

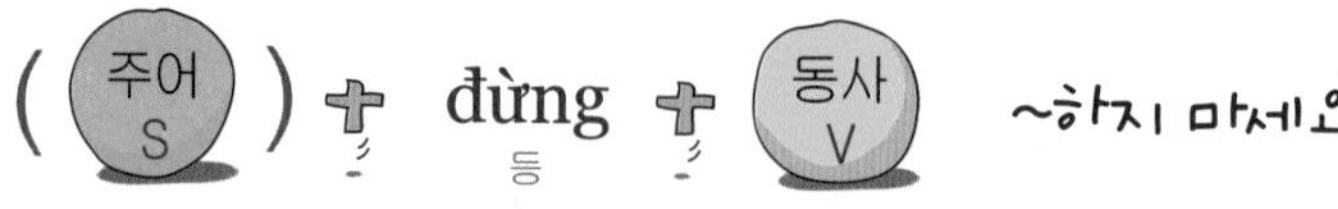

씬 아잉(안) 등 훗 트옥 어 더이
예 (Xin) anh đừng hút thuốc ở đây.
여기에서 담배를 피우지 마시오. ▶ hút thuốc 훗 트옥 담배를 피우다

껌 훗 트옥
= Cấm hút thuốc! — 금연!

4 phương hướng 방향

간단히 위치와 방향을 나타내는 표현을 알아보자.

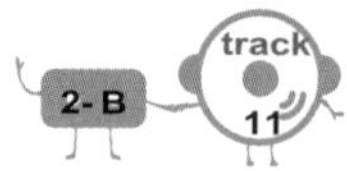

위치, 방향

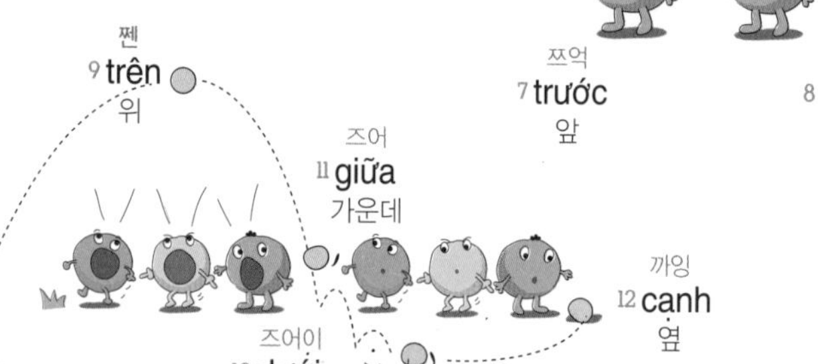

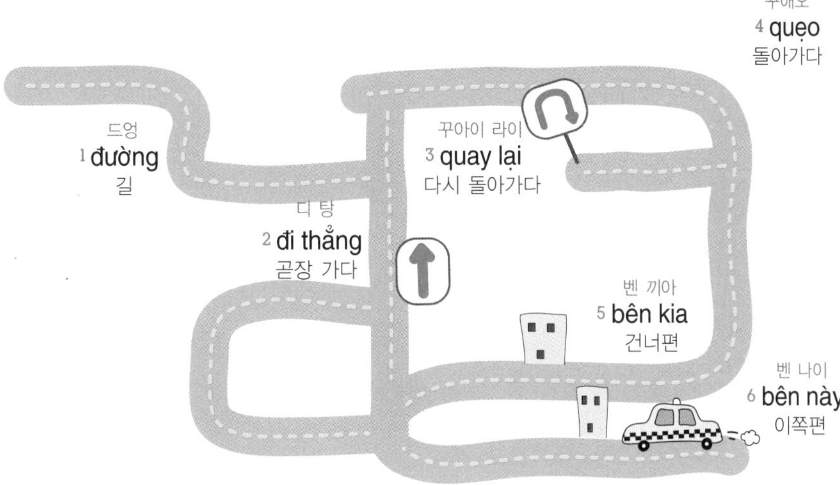

베트남의 차들은 우측통행입니다. 

5 từ~ đến~ ~에서 ~까지

❶ từ~ đến~ 은 ~에서 ~까지라는 뜻으로 거리나 시간 등의 시작과 끝을 묻는 표현이다.
bao 얼마나라는 뜻은 거리를 표현할 때 사용한다.

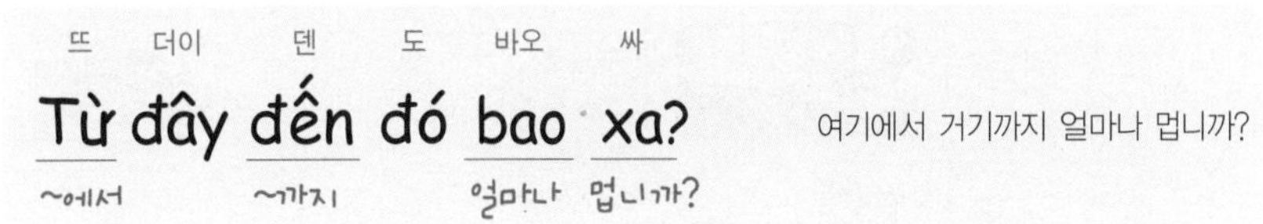

여기에서 거기까지 얼마나 멉니까?

❷ bao lâu는 얼마나라는 뜻으로 시간이나 기간 등의 범위를 표현할 때 사용한다.

예

찌 쌔 어 다 랕 바오 러우
Chị sẽ ở Đà Lạt bao lâu? 〈시간〉
당신은 달랏에 얼마나 머물 예정이예요?
···› 뫁 뚜언
Một tuần.
1주일이요.

아잉(안) 다 혹 띠엥 비엘 바오 러우
Anh đã học tiếng Việt bao lâu?
당신은 베트남어 공부를 얼마나 했나요?
···› 싸우 탕
Sáu tháng.
6개월이요.

꼬 어 비엘 남 바오 러우 로이(=조이)
Cô ở Việt Nam bao lâu rồi?
당신은 베트남에 얼마나 있었나요?
···› 뫁 남 로이(=조이)
Một năm rồi.
1년이요.

6 đi bộ 걸어서 가다

걸어서 가다

디 방 쌔 씩 로
예 Đi bằng xe xích lô. 씨클로로 가다

디 방 쌔 옴
Đi bằng xe ôm. 쌔옴으로 가다

주요 교통

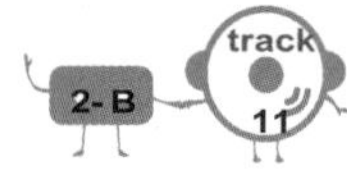

쌔 부잍
xe buýt 버스

딱 씨
tắc xi 택시

씩 로
xích lô 씨클로

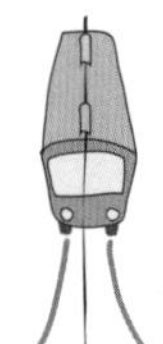

따우
tàu 열차

마이 바이
máy bay 비행기

쌔 마이
xe máy 오토바이

쌔 답
xe đạp 자전거

phút ~분

숫자 + phút ~분
풑

시간에 대한 것은 p83을 참조하고 여기서는 분에 관해 자세히 알아보자.
분은 **phút** 풑 이라고 하며, 시간 뒤에 **숫자 + phút**의 형태로 분을 나타낸다.

분	베트남어	주의
10분	**mười phút** 므어이 풑	
20분	**hai mươi phút** 하이 므어이 풑	20이상의 수에서는 **mười** 가, **mươi** 로 성조가 바뀐다.
15분	**mười lăm phút** 므어이 람 풑	15이상의 25, 35 등에서의 5는 **năm** 이 **lăm** 으로 바뀐다. 북부발음에서는 25이상에서는 **nhăm** 냠 이 된다.
30분	**ba mươi phút** 바 므어이 풑 = **rưỡi** 르어이(=즈어이) 반半	

베트남에서 통하는 회화따라하기

길 묻기

Tôi muốn đi thư viện. Xin chỉ đường cho tôi!
또이 무온 디 트 비엔. 씬 찌 드엉 쪼 또이

나는 도서관에 가고 싶습니다. 저에게 길을 가르쳐 주십시오.

▸ thư viện 트 비엔 도서관

Xin chỉ đường cho tôi đến ngân hàng!
씬 찌 드엉 쪼 또이 덴 응언 항

은행까지 가는 길을 가르쳐주십시오.

▸ ngân hàng 응언 항 은행

Xin chỉ đường cho tôi đến ga Sài Gòn!
씬 찌 드엉 쪼 또이 덴 가 싸이 곤

사이공역에 가는 길을 가르쳐 주십시오.

▸ ga 가 역
chỉ 찌 가르치다(가리키다)

Xin chỉ đường cho tôi đến tiệm sách!
씬 찌 드엉 쪼 또이 덴 띠엠 싸익

서점에 가는 길을 가르쳐주십시오.

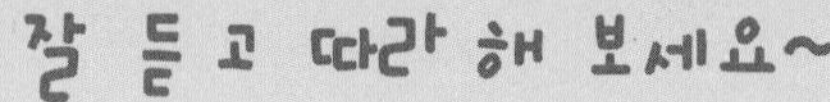

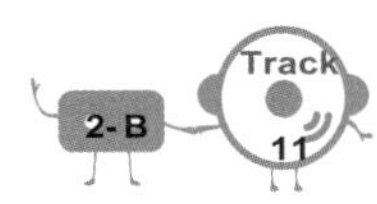

~얼마나 걸립니까?

Đi từ đây đến đó bằng xe buýt thì mất bao lâu?
디 뜨 더이 덴 도 방 쌔 부잍 티 멑 바오 러우
여기서 거기까지 버스로 얼마나 걸립니까?

Đi bộ từ đây tới đó thì mất bao lâu?
디 보 뜨 더이 떠이 도 티 멑 바오 러우
여기서 거기까지 걸어서 얼마나 걸립니까?

▶ thì mất 티 멑 ~시간이 걸리다

Đi từ đây đến đó bằng xe đạp thì mất bao lâu?
디 뜨 더이 덴 도 방 쌔 답 티 멑 바오 러우
여기서 거기까지 자전거로 얼마나 걸립니까?

▶ bằng 방 ~로

Đi từ đây đến đó bằng taxi thì mất bao lâu?
디 뜨 더이 덴 도 방 딱시 티 멑 바오 러우
여기서 거기까지 택시로 얼마나 걸립니까?

택시는 taxi 딱시 라고도 한다. 

Đi từ đây đến đó bằng tàu thì mất bao lâu?
디 뜨 더이 덴 도 방 따우 티 멑 바오 러우
여기서 거기까지 열차로 얼마나 걸립니까?

대형 백화점이나 쇼핑몰 같은 현대식 쇼핑센터는 거의 없다. 반면 대규모의 재래시장과 개성 있는 작은 상점들이 많아 베트남 고유의 민속의상인 아오자이나 정교한 목공예품 등을 값싸게 구입할 수 있다.

벤 타인 시장

호치민시 제 1군의 중심부에 벤 타인 **Bến Thành** 시장이 자리 잡고 있다. 벤 타인 시장은 베트남 최대의 재래식 종합 시장으로 없는 것이 없을 정도로 각종 산물이 풍부하다. 외국인들이 많이 찾기 때문에 물건의 품질도 또한 우수하다. 주변에 주차 공간도 비교적 넓어 고객들로 항시 복잡한 곳이다.
내부는 농산물, 수산물, 과일, 육류, 철물점, 식기류, 옷 가게, 포목점, 꽃집, 튀김 집에 이르기 까지 코너 별로 다양한 상점이 한 곳에 집중되어 있어 원두 커피의 그윽한 향내와 각종 열대 과일의 신선한 냄새, 생선의 비릿한 냄새가 함께 어울려 붐비는 인파와 더불어 베트남의 생활 현장을 즐기며 쇼핑할 수 있는 곳이다.

안 동 시장 An Đông Market

백화점식 쇼핑 센터이다. 최근에 건설되었기 때문에 베트남 내에서는 흔치 않게 에스컬레이터까지 설치되어 있다. 준도매시장으로 시내의 선물가게들이 목공예품의 대부분을 이곳에서 구매해 간다고 하는데, 시내 상점에서 사는 것보다 훨씬 저렴한 가격에 살 수 있다.
1층에는 건어물 상점과 우체국이 있으며, 2층에는 금은방과 옷감을 판매하는 상점들이 모여 있다. 은행에서 미처 환전하지 못한 사람은 금은방에서 환전할 수도 있다.

도자기

베트남만의 독특한
분위기를 느낄 수 있는 도자기는 베트남에서 가장 인기 있는 쇼핑 품목 중의 하나다. 대부분 석탄을 화력으로 사용하는 가마에서 굽는데, 후대의 도자기일수록 색상과 모양이 현란해지는 특징을 갖는다. 특히 베트남식 청화백자는 푸른 빛을 많이 띈다. 한국의 꽃 시장에서 판매하는 화분의 대부분이 베트남산 수입품이다.

옻자개 제품

선물가게에 가면 가장 많이 눈에 띄는 것이 바로 옻자개 제품들이다. 작은 소품류부터 대형 장식품까지 다양한데 선물용이나 기념품으로는 작은 꽃병, 접시, 소품함, 담배함 등이 좋다.

실크, 그림 카드

크리스마스 카드 크기 정도의 종이 카드인데 베트남의 전통 풍물들이 각종 그림으로 장식되어 있어서 선물이나 기념품용으로 아주 좋다. 선물가게, 서점 등에도 많고, 유명 관광지에서는 노점상들이 들고 다니면서 판매한다.

목공예품과 특산품

시장 등지에 가면 자수 제품의 식탁보나 정교하게 조각된 목각제품들이 아주 많다. **Đờng Khởi** 동 커이대로 주변에 이런 제품을 판매하는 선물가게와 아오자이가게, 골동품가게, 미술 갤러리들이 밀집해 있으며, **Nguyễn huệ** 응위엔 후에 대로 주변에도 공예품가게가 있다.

베트남 커피·차

원두커피는 중부 고원지대의 '바오록', '부온 마 투옷'에서 생산하고 있는데, 베트남인들이 즐겨 마시는 기호품이 되었다. 길거리를 걷다 보면 몇 백미터 간격으로 테이블 몇 개를 내놓고 냉커피를 파는 사람들이 있을 정도다.

사이공 슈퍼볼 Sài Gòn Super Boll

최근에 문을 연 현대식 쇼핑센터. 노란색과 파란색으로 산뜻하게 꾸민 외관이 눈길을 끈다.
전자제품, 의류, 잡화류 등 일반 상점들은 물론 음식점, 전자오락실 등 유흥을 즐길 수 있는 시설까지 갖춰져 있어서 저녁이면 나와 구경을 하는 사람들도 꽤 많은 편이다.

Bài 10

10 베트남어를 말할 수 있습니까? Anh nói tiếng Việt được không?

아잉(안) 노이 띠엥 비엘 드억 콩

Trang

씬 로이, 아잉(안) 노이 띠엥 비엘 드억 콩
Xin lỗi, anh nói tiếng Việt được không?

Min-soo

드억
Được.

테, 아잉(안) 다 혹 띠엥 비엘 머이 남
Thế, anh đã học tiếng Việt mấy năm?

또이 다 혹 띠엥 비엘 하이 남
Tôi đã học tiếng Việt 2 năm.

아잉(안) 노이 띠엥 비엘 조이 꾸아
Anh nói tiếng Việt giỏi quá.

깜 언, 또이 쌔 꼬 강 니에우 헌
Cám ơn, tôi sẽ cố gắng nhiều hơn.

아잉(안) 덴 비엘 남 데 람 지
Anh đến Việt Nam để làm gì?

또이 덴 비엘 남 데 혹 베 반 호아 비엘 남
Tôi đến Việt Nam để học về văn hóa Việt Nam.

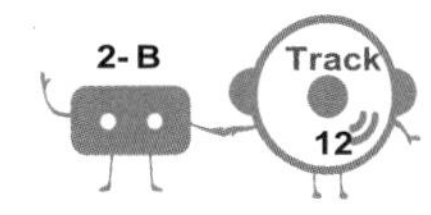

짱	실례지만, 당신은 베트남어를 할 수 있습니까?
민수	예, 할 수 있습니다.
짱	그러면, 베트남어공부는 몇 년 했습니까?
민수	공부한 지 2년이 되었습니다.
짱	베트남어를 매우 잘 하시는군요.
민수	고맙습니다. 더 열심히 하겠습니다.
짱	그런데, 베트남에는 왜 왔습니까?
민수	베트남문화를 공부하러 왔습니다.

단 어

- □ **nói** 노이 — 말하다
- □ **tiếng Việt** 띠엥 비엣 — 베트남어
- □ **được** 드억 — ~할 수 있다
- □ **thế** 테 — 그러면, 그럼
- □ **đã** 다 — ~했다 과거형
- □ **năm** 남 — ~년
- □ **giỏi quá** 조이 꾸아 — 매우 잘
- □ **sẽ** 쌔 — ~할 것이다 will, shall
- □ **cố gắng nhiều hơn** 꼬 강 니에우 헌 — 더 노력하다
- □ **để** 데 — ~하려고
- □ **đến** 덴 — 오다, ~까지
- □ **văn hóa** 반 호아 — 문화

10 아주 쉬운 해설

1 được ~을 할 수 있다

~을 할 수 있다는 뜻의 **được** 드억 은 영어의 can에 해당하는 조동사로 능력, 가능을 나타내는 동사이다. **được**은 그 위치에 주의를 해야 한다.

❶ 동사의 뒤나

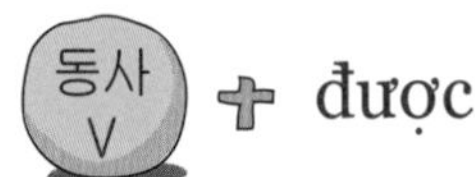

❷ 목적어가 있을 때는 그 앞이나 뒤에 올 수 있다.

1) 확실한 결실이나 성취

2) 미래의 결과나 가능성, 기술적 능력

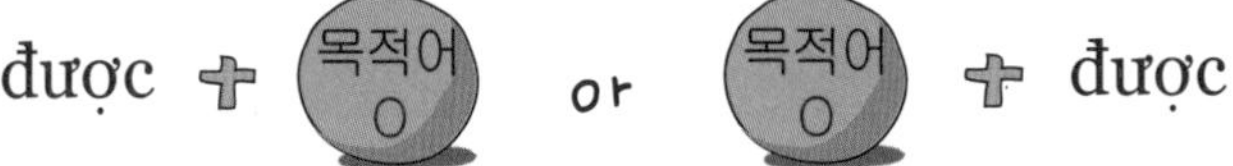

được의 어순

1. 긍정문

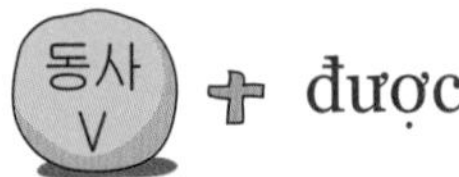

또이 노이 띠엥 아잉(안) 드억
Tôi nói tiếng Anh được. 나는 영어를 말할 수 있습니다.
기술적 능력

2. 부정문 không + 동사 V + được

또이 콩 노이 띠엥 아잉(안) 드억
Tôi không nói tiếng Anh được. 나는 영어를 할 수 없습니다.

3. 의문문  + được không ?

꼬 노이 띠엥 아잉(안) 드억 콩
Cô nói tiếng Anh được không?
당신은 영어를 말할 수 있습니까?

4. 대답

긍정 ○

자, 드억
⋯▸ Dạ, được. 예, 할 수 있습니다.

부정 ×

자, 콩 드억
⋯▸ Dạ, không được. 아니오, 못합니다.

예

또이 노이 드억 띠엥 비엘
Tôi nói được tiếng Việt. 나는 베트남어를 할 수 있다.

또이 콩 노이 드억 띠엥 비엘
Tôi không nói được tiếng Việt. 나는 베트남어를 할 수 없다.

또이 노이 띠엥 쭝 꾸옥 드억
Tôi nói tiếng Trung Quốc được.
나는 중국어를 말할 수 있다. 기술적 능력

비교 có thể 코 테 : 같은 의미이지만, 동사의 앞에 위치한다.

예

또이 꼬 테 노이 띠엥 비엘
Tôi có thể nói tiếng Việt.
또이 노이 드억 띠엥 비엘
= Tôi nói được tiếng Việt.
나는 베트남어를 할 수 있다.

또이 콩 테 노이 띠엥 비엘
Tôi không thể nói tiếng Việt.
또이 콩 노이 드억 띠엥 비엘
= Tôi không nói được tiếng Việt.
나는 베트남어를 할 수 없다.

2 tiếng 언어

~어

나라이름은 대문자로 쓴다. 

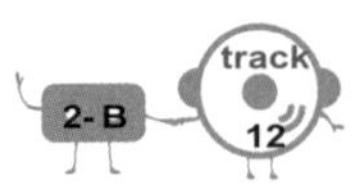

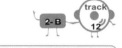

베트남어	뜻	베트남어	뜻
tiếng Anh 띠엥 아잉(안)	영어	tiếng Nhật 띠엥 녙	일본어
tiếng Pháp 띠엥 팝	프랑스어	tiếng Việt 띠엥 비엩	베트남어
tiếng Tây Ban Nha 띠엥 떠이 반 냐	스페인어	tiếng Trung Quốc 띠엥 쭝 꾸옥	중국어
tiếng Hàn Quốc 띠엥 한 꾸옥	한국어	tiếng Anh Mỹ 띠엥 아잉(안) 미	미국식 영어

4 đã ~했다

영어에서는 과거, 현재, 미래를 나타내기 위해서 동사가 변화한다.

see 현재 saw 과거 will see 미래
보다 보았다 볼 것이다

그러나 베트남어는 동사의 변화가 없으며, **과거(đã)**나 **현재**, **미래(sẽ)** 등의 시제를 나타내기 위해서는 때를 나타내는 단어를 동사 앞에 쓰기만 하면 된다.

■ 과거 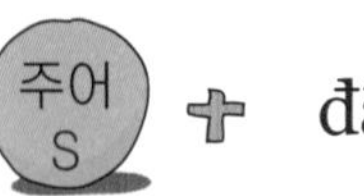 đã 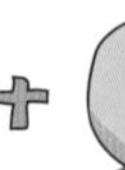

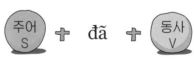

단, 문장에 시간을 나타내는 단어가 있을 때는 **đã**를 생략할 수 있다. 

꼬 마이 다 혹 띠엥 아잉(안) 하이 남

예 Cô Mai đã học tiếng Anh 2 năm.

Mai씨는 영어공부를 2년간 했다.

홈 꾸아 또이 디 트 비엔

Hôm qua tôi đi thư viện. 어제 나는 도서관에 갔다.

▸ hôm qua 홈 꾸아 어제
thư viện 트 비엔 도서관

5 mấy와 bao nhiêu 몇, 얼마

❶ 수나 양에 대해 물어보는 의문대명사이다. mấy는 10이하의 수나 양을 나타낼 때 사용하며 보통 명사 앞에 위치한다.
이와는 달리, 10이상의 수나 양을 물을 때에는 bao nhiêu 바오 니에우 를 사용한다.
년年이나 일日을 물어볼 때는 bao nhiêu, 월을 물어볼 때는 mấy를 사용한다.

베트남어	뜻	베트남어	뜻
năm bao nhiêu 남 바오 니에우	몇 년	tháng mấy 탕 머이	몇 월
ngày bao nhiêu 응아이 바오 니에우	몇 일	tuần mấy 뚜언 머이	몇 주

찌 다 혹 띠엥 아잉(안) 머이 남

예 Chị đã học tiếng Anh mấy năm?

당신은 영어를 몇 년 공부했나요?

바 남

···› Ba năm. 3년이요.

또한, mấy는 집 주소, 전화번호, 시간을 물을 때 사용하기도 한다.

냐 아잉(안) 어 꾸언 머이

예 Nhà anh ở quận mấy?

당신 집은 몇 군입니까?

꾸언 바

···› Quận 3.

3군입니다.

❷ 사람의 나이를 물을 때는 1) 어른일 경우 **bao nhiêu**
2) 어린 이일 경우 **mấy** 를 쓴다.

옹 바오 니에우 뚜오이
예 Ông bao nhiêu tuổi? 할아버지는 연세가 어떻게 되십니까?

짜우 머이 뚜오이
Cháu mấy tuổi? 아들은 몇 살입니까?

❸ 물건의 가격을 물을 때는 bao nhiêu 를 사용한다.

까이 끼아 바오 니에우 띠엔
예 Cái kia bao nhiêu tiền? 저것은 얼마입니까?

6 để ~하러

오다는 đến 덴, 가다는 đi 디 이다. 그러므로 ~하러 오다는 Tôi đến~ để~. 또이 덴~ 데~ 이다.

아잉(안) 덴 비엘 남 데 람 지
예 Anh đến Việt Nam để làm gì?
당신은 베트남에 무엇을 하러(왜) 왔습니까?

또이 덴 비엘 남 데 람 비엑
⋯▸ Tôi đến Việt Nam để làm việc. 나는 베트남에 일하러 왔습니다.

▸ làm việc 람 비엑 일하다

안 디 비엘 남 데 갑 반 가이
An đi Việt Nam để gặp bạn gái.
안은 베트남에 여자친구를 만나러 간다.

▸ gặp 갑 만나다
bạn gái 반 가이 여자친구

Số từ 숫자

베트남어 수를 읽는 방법에는 다음과 같이 유의할 점이 있다.

0	không 콩	1	một 몯	5	năm 남
10	mười 므어이	11	mười một 므어이 몯	15	mười lăm 므어이 람
20	hai mươi 하이 므어이 =hai chục 하이 쭉	21	hai mươi mốt 하이 므어이 몯	25	hai mươi lăm 하이 므어이 람

100	một trăm 몯 짬	
108	một trăm lẻ tám 몯 짬 래 땀	10의 단위가 0일 때는 lẻ 래 / 북 linh 링 을 넣는다.
150	một trăm năm mươi 몯 짬 남 므어이 một trăm rưỡi 몯 짬 르어이(=즈어이)	성조 주의
1,000	nghìn 응인 / ngàn 응안	둘 다 가능 북 nghìn 응인 남 ngàn 응안
2,500	hai ngàn năm trăm 하이 응안 남 짬 hai ngàn rưỡi 하이 응안 르어이(=즈어이)	성조 주의
10,000	mười nghìn 므어이 응인	1,000 이 10개가 모여 10,000이 됨

'0'을 읽는 방법

방 번호	205	북 hai linh năm 하이 링 남 남 hai lẻ năm 하이 래 남
집 주소	205	북 hai trăm linh năm 하이 짬 링 남 / hai linh năm 하이 링 남 남 hai trăm lẻ năm 하이 짬 래 남 / hai lẻ năm 하이 래 남
전화번호	8225009	tám-hai-hai-năm-không-không-chín 땀- 하이-하이-남-콩-콩-찐
양量	1005	một nghìn không trăm linh năm 몯 응인 콩 짬 링 남

베트남에서 통하는 회화따라하기

언제

Anh(Chị) đến Việt Nam khi nào?
아잉(안) (찌) 덴 비엘 남 키 나오
베트남에 언제 왔습니까?

Tôi đã đến ngày hôm qua.
또이 다 덴 응아이 홈 꾸아
어제 왔습니다.

Anh đến Việt Nam khi nào? — 베트남에 언제 왔습니까?
아잉(안) 덴 비엘 남 키 나오

⋯› Tôi đã đến Việt Nam năm ngoái. — 작년에 왔습니다.
또이 다 덴 비엘 남 응오아이

⋯› Tôi đã đến Việt Nam hai năm trước. — 2년 전에 왔습니다.
또이 다 덴 비엘 남 하이 남 쯔억

⋯› Tôi đã đến Việt Nam ba tuần trước. — 3주 전에 왔습니다.
또이 다 덴 비엘 남 바 뚜언 쯔억

잘 듣고 따라 해 보세요~

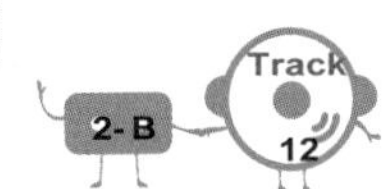

왜

Anh(Chị) đến Việt Nam để làm gì? 당신은 베트남에 무엇을 하러(왜) 왔습니까?
아잉(안) (찌) 덴 비엘 남 데 람 지

···› Tôi đến Việt Nam để du lịch. 저는 베트남에 관광하러(여행하러) 왔습니다.
또이 덴 비엘 남 데 주 릭

···› Tôi đến Việt Nam để công tác. 베트남에 출장으로 왔습니다.
또이 덴 비엘 남 데 꽁 딱

···› Tôi đến Việt Nam để làm việc. 베트남에 일하러 왔습니다.
또이 덴 비엘 남 데 람 비엑

▶ Tôi đến Việt Nam để ______________. 베트남에 _________ 왔습니다.

mua đồ
무아 도
쇼핑하러

chơi
쩌이
놀러

thăm bạn bè
탐 반 배
친구를 만나러

ăn cơm
안 껌
식사하러

Bài 11

11 여보세요, 접니다!

Alô, tôi nghe đây!

알로, 또이 응헤 데이

Mẹ của Trang

알로

Alô!

Min-soo

알로, 씬 쪼 또이 노이 쭈위엔 버이 짱

Alô, Xin cho tôi nói chuyện với Trang.

씬 더이 몰 쭐

Xin đợi một chút.

Trang

알로, 짱 더이

Alô, Trang đây.

짱 파이 콩

Trang phải không?

씬 로이, 아이 도

Xin lỗi, ai đó?

또이 라 민수

Tôi là Min-soo.

아, 짜오 민수. 민수 코애 콩

À, chào Min-soo. Min-soo khỏe không?

또이 빈 트엉. 응아이 마이 또이 무온 갑 짱

Tôi bình thường. Ngày mai tôi muốn gặp Trang.

응아이 마이 아? 응아이 마이 또이 꼬 터이 잔

Ngày mai à? Ngày mai tôi có thời gian.

버이 응아이 마이 또이 쌔 덴 갑 짱

Vậy ngày mai tôi sẽ đến gặp Trang.

벙, 응아이 마이 갑 라이 냬

Vâng, ngày mai gặp lại nhé!

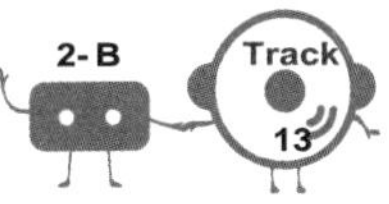

짱의 어머니 여보세요!

민수 여보세요! 짱씨를 바꿔주시겠습니까? (짱씨 계십니까?)

짱의 어머니 잠시만 기다리세요.

짱 여보세요, 짱입니다.

민수 짱씨 맞아요?

짱 실례지만, 누구십니까?

민수 저는 민수입니다.

짱 아! 안녕하세요, 잘 지냈어요?

민수 예, 별일 없습니다(잘 지냅니다). 내일 당신을 만나고 싶은데요.

짱 내일이요? 내일이라면, 괜찮습니다.

민수 그럼, 내일 당신을 만나러 가겠습니다.

짱 알겠습니다. 내일 뵙겠습니다.

단어

단어	발음	뜻
□ Alô	알로	여보세요! 전화상에서
□ cho	쪼	~하게하다 사역
□ nói chuyện	노이 쭈위엔	이야기하다
□ với	버이	~와 함께
□ đợi	더이	기다리다
□ một chút	몯 쭏	조금만, 잠시만
□ ai	아이	누구
□ đó	도	그 쪽 전화상에서
□ khỏe	코애	잘 지내다
□ bình thường	빈 트엉	보통, 그럭 저럭
□ ngày mai	응아이 마이	내일
□ À	아	아! 감탄사
□ muốn	무온	원하다, ~하기를 바라다
□ thời gian	터이 잔	시간
□ vậy	버이	그럼
□ lại	라이	또, 다시
□ nhé	냬	~하세요

11 아주 쉬운 해설

1 Alô — 여보세요

전화를 걸 때나 받을 때 하는 말로, 프랑스어에서 온 외래어이다.

전화걸 때	알로, 타잉 하이 Alô, Thanh Hải.	여보세요, 타인 하이입니다.
전화 받을 때	알로, 또이 더이 Alô, tôi đây.(= Tôi nghe đây)	여보세요, 접니다(나야).

đây는 말하는 사람이 나타내는 행위가 시간적으로 가까운 사이에일어나고 있는 것을 표시한다. đây는 이쪽이라는 의미이다.

2 Xin lỗi — 실례합니다, 죄송합니다

Xin lỗi는 앞에서도 학습했듯이 **실례합니다, 죄송합니다**의 뜻으로 상대방에 말을 걸 때 사용하는 표현이다. 또한, 상대방에게 어떤 부탁이나 수고를 청할 때도 사용한다.

예)

씬 로이, 또이 무온 갑 퐁 비엔 하이 찌에우
Xin lỗi, tôi muốn gặp phóng viên Hải Triều.
실례지만, 저널리스트 하이 찌에우씨를 만나 뵙고 싶습니다.

▸ phóng viên 퐁 비엔 저널리스트 journalist

씬 로이, 쪼 또이 중 인더낼 몯 줕
Xin lỗi, cho tôi dùng internet một chút.
죄송합니다만, 제가 인터넷을 잠깐 써도 될까요?

▸ dùng 중 쓰다
internet 인터낼 인터넷

여기서는 Xin에 대해 좀 더 알아보자.

Xin은 말하는 사람이 상대방에 대해 존경을 표시하는 동사로, **부탁**, **권유**를 나타내기도 한다. 존경표시 동사로 쓰일 때 Xin은 동사 앞에 위치한다.

또이 씬 드억 끄어이 앰

예 Tôi xin được cưới em.

당신과 결혼하게 되면 좋겠어요. (결혼해 주세요)

▶ cưới 끄어이 결혼하다

또이 씬 드억 응이 혹 홈 나이

Tôi xin được nghỉ học hôm nay.

오늘은 수업을 안 하고 쉬었으면 좋겠어요.

▶ nghỉ học 응이 혹 수업을 빠지다

3 Cho 사역동사

Cho + 사람 + 동사 V

쪼

사역 ~시키다, ~하게 하다, ~해 주다 이나 **허가**를 나타낸다. 그 위치에 주의하자.

쪼 또이 노이 쭈위엔 버이 찌 프엉

예 Cho tôi nói chuyện với chị Phương.

프엉언니와 이야기 하게 해주세요!

쪼 또이 디 버이

Cho tôi đi với. 같이 가게 해 주세요.

4 đấy à 당신은 ~ 입니까?

❶ 전화상에서의 **đấy**는 **그쪽, 당신**의 의미로 전화 받는 상대방을 말한다. 이와 반대로 전화 받는 본인을 상대방에게 말할 때는 **đây 이쪽, 나**라고 한다.

❷ **à**는 의문문의 끝에 위치하여 의문의 뜻을 강조하고, 친밀감을 더해주는 표현이다.

예

알로 항 더이 아
Alô, Hằng đấy à? 여보세요, (너) 항 이니?

쩌이 어이, 후위엔 더이 아, 러우 람 로이(=조이) 머이 갑 라이
Trời ơi, Huyền đấy à, lâu lắm rồi mới gặp lại!
어머, 후위엔이야? 오랜간만이네!

5 nhé ~하세요

문장 끝에 위치하여 **가벼운 충고**나 **명령**을 나타내는 표현이다. 따라서 가까운 손아랫사람이나 동등한 관계에 있는 사이에 자주 쓰인다.

예

랕 느어 아잉(안) 고이 라이 내
Lát nữa anh gọi lại nhé! 잠시 후, 다시 전화하세요!

▶ **lát nữa** 랕 느어 잠시 후에

랕 느어 아잉(안) 덴 내
Lát nữa anh đến nhé! 좀 있다가 오세요!

6 ngày mai 내일

ngày mai 응아이 마이 는 **내일**이라는 뜻이다. 이미 앞에서도 학습했지만 이번 과에서는 때를 나타내는 표현을 자세히 알아보자.

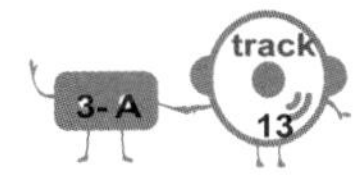

ngày tháng năm 응아이 탕 남 **월일과 년월**					
일日	그저께 hôm kia 홈 끼아	어제 hôm qua 홈 꾸아	오늘 hôm nay 홈 나이	내일 ngày mai 응아이 마이	모레 ngày kia 응아이 끼아
주週	지지난주 tuần trước nữa 뚜언 쯔억 느어	지난주 tuần trước 뚜언 쯔억	이번주 tuần này 뚜언 나이	다음주 tuần sau 뚜언 싸우	다다음주 tuần sau nữa 뚜언 싸우 느어
월月	지지난달 tháng trước nữa 탕 쯔억 느어	지난달 tháng trước 탕 쯔억	이번달 tháng này 탕 나이	다음달 tháng sau 탕 싸우	다다음달 tháng sau nữa 탕 싸우 느어
년年	재작년 năm kia 남 끼아	작년 năm ngoái 남 응오아이	올해 năm nay 남 나이	내년 năm sau / sang năm 남 싸우 / 쌍 남	내후년 năm sau nữa 남 싸우 느어

muốn ~하고 싶다

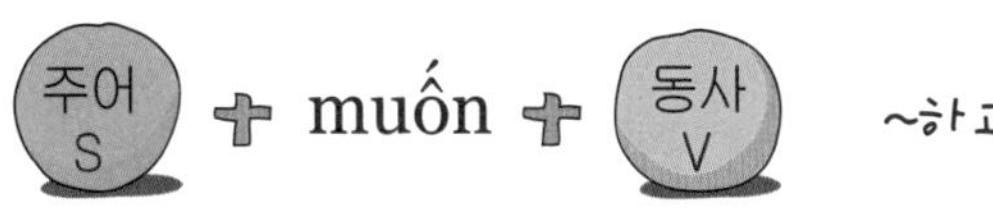

동사 앞에 쓰이는 muốn은 ~하고 싶다라는 뜻으로, 소망이나 희망 등을 나타내는 표현이다.

또이 무온 디 냐 베 씽
예 Tôi muốn đi nhà vệ sinh. 나는 화장실에 가고 싶다.

▶ nhà vệ sinh 냐 베 씽 화장실

또이 무온 디 주 릭 쩌우 어우
Tôi muốn đi du lịch Châu Âu. 나는 유럽여행을 가고 싶다.

Châu Âu 쩌우 어우 유럽
cf. Châu Á 쩌우 아 아시아

베트남에서 통하는 회화따라하기

전화할 때 사용하는 표현

1 전화에서 상대방을 찾을 때

Alô, có cô Thu Hằng ở đó không?
알로, 꼬 꼬 투 항 어 도 콩
투항씨 있습니까?(계십니까?)

Alô, xin chuyển máy cho cô Thu Hằng!
알로, 씬 쭈위엔 마이 쪼 꼬 투 항
투항씨 바꿔주세요!

▸ chuyển 쭈위엔 바꾸다

Alô, tôi muốn nói chuyện với cô Thu Hằng!
알로, 또이 무온 노이 쭈위엔 버이 꼬 투 항
투항씨와 이야기하고 싶은데요!

▸ chuyện 쭈위엔 ~와 이야기하다

2 전화를 바꿔주거나 사람이 없을 때

Cô Thu Hằng đang nghe điện thoại.
꼬 투 항 당 응애 디엔 토아이
투항씨는 통화중입니다.

Cô Thu Hằng đi ra ngoài rồi.
꼬 투 항 디 라(=자) 응오아이 로이(=조이)
투항씨는 외출중입니다. ▸ ra ngoài 라(=자) 응오아이 외출하다

Cô Thu Hằng không có ở đây.
꼬 투 항 콩 꼬 어 더이
투항씨는 여기 없습니다.

Gọi nhầm số rồi.
고이 념 쏘 로이(=조이)
전화를 잘 못 걸었습니다.

▸ gọi nhầm 고이 념 잘못 걸다

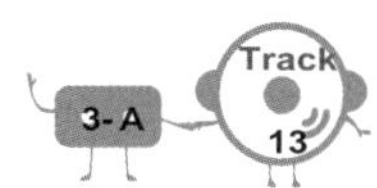

3 기타

Không nghe rõ. Xin nói to hơn.
콩 응애 로(=조). 씬 노이 또 헌
잘 안 들립니다. 크게 말씀해 주세요.

▶ to 또 크다
hơn 헌 ~보다 더

Tôi sẽ gọi điện lại sau.
또이 쌔 고이 디엔 라이 싸우
나중에 다시 걸겠습니다.

▶ gọi điện 고이 디엔 전화를 걸다
lại sau 라이 싸우 나중에 다시

Cô Thu Hằng có điện thoại!
꼬 투 항 꼬 디엔 토아이

투항씨, 전화 왔어요!

▶ có điện thoại 꼬 디엔 토아이
전화가 있다 → 전화가 와 있다

Xin lỗi, tôi đã gọi nhầm số.
씬 로이, 또이 다 고이 념 쏘

죄송합니다, 잘못 걸었습니다.

▶ nhầm 념 잘못된, 틀린
= lầm 럼

Bài 12

12 이것은 얼마입니까?

Cái này bao nhiêu tiền?

까이 나이 바오 니에우 띠엔

NBH

찌 무온 무아 지 아

Chị muốn mua gì ạ?

Thu Thủy

씬 로이, 쪼 또이 쌤 까이 아오 끼아

Xin lỗi, cho tôi xem cái áo kia.

벙, 머이 찌 막 트

Vâng, mời chị mặc thử.

오 쩣 꾸아. 꼬 까이 나오 런 헌 콩 아잉(안)

Ồ, chật quá. Có cái nào lớn hơn không anh?

벙, 꼬. 꼬 마우 칵 느어

Vâng, có. Có màu khác nữa.

바오 니에우 띠엔 몯 까이

Bao nhiêu tiền một cái?

몯 짬 응인 동

100 nghìn đồng.

꾸아 닫. 씬 아잉(안) 벋 쪼

Quá đắt. Xin anh bớt cho.

벙, 벋 쪼 찌 므어이 응인 동

Vâng, bớt cho chị 10,000 đồng.

버이 쪼 또이 까이 아오 마우 싸잉(싼) 자 쩌이 꺼 런

Vậy, cho tôi cái áo màu xanh da trời cỡ lớn.

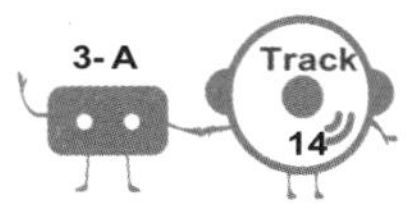

점원	무엇을 도와드릴까요? (무엇을 사기를 원합니까?)
투투이	죄송하지만, 저 옷을 보여 주세요!
점원	예, 한 번 입어 보세요.
투투이	어, 너무 작네요. 좀 더 큰 것이 있습니까?
점원	네, 있어요. 그리고 다른 색깔도 있어요.
투투이	가격은 얼마입니까?
점원	10만동입니다.
투투이	너무 비싸군요. 조금 깎아 주세요.
점원	네, 9만동에 드리겠습니다. (10,000동 깎아 드리겠습니다.)
투투이	그럼, 파란색 라지(L)사이즈로 한 벌 주십시오.

단어

□ NBH Người bán hàng	응어이 반 항	가게의 주인
□ mua	무아	사다
□ cái áo	까이 아오	옷
□ mời	머이	~해 주세요, 초대하다
□ mặc thử	막 트	입어보다
□ chật	쩔	좁다, 작다
□ quá	꾸아	너무
□ lớn	런	크다
□ hơn	헌	더
□ màu	마우	색깔
□ khác	칵	다르다
□ nữa	느어	~도
□ bao nhiêu	바오 니에우	얼마
□ nghìn	응인	천千
□ đồng	동	동 베트남 화폐 단위
□ tiền	띠엔	돈
□ mấy	머이	몇
□ đắt	닫	비싸다
□ bớt	벋	값을 깎다
□ vậy	버이	그럼
□ xanh	싸잉(싼)	파란색,녹색
□ cỡ	꺼	size, 크기

12 아주 쉬운 해설

1 Chị muốn mua gì? 무엇을 도와드릴까요?

상점에서 손님이 들어왔을 때, 점원이 손님을 맞이하는 표현으로 Chị(Anh) muốn mua gì? 찌(아잉(안)) 무온 무아 지 라고 한다.

예
찌(아잉(안)) 무온 무아 지
Chị(Anh) muốn mua gì? 무엇을 사고 싶으세요?

또이 무온 무아 몯 까이 띠비
→ Tôi muốn mua một cái tivi. 나는 TV를 사고 싶어요.

2 bao nhiêu tiền? 얼마입니까?

bao nhiêu tiền 바오 니에우 띠엔 은 가격을 묻는 표현으로, 얼마입니까?라는 뜻이다. bao nhiêu는 얼마나, 몇이라는 뜻이며, tiền은 돈이라는 뜻이다.
또한 얼마입니까?는 Giá bao nhiêu tiền? 자 바오 니에우 띠엔 라고도 하는데, 보통 tiền은 생략하는 경우가 많다.

예
까이 나이 바오 니에우
Cái này bao nhiêu? 이것은 얼마입니까?

얼마입니까?에 대한 대답을 알아보자. 숫자읽기 p86 참조

예
본 찌에우 동
4 triệu đồng. 4백만 동입니다.

바므어이 응인 동
30 nghìn đồng. 3만 동입니다.

금액말하기

① 만万은 vạn 반이 있지만 일반적으로 사용하지 않으며, mười nghìn 므어이 응인 (10 X 1,000)이라고 한다. 그러므로 30만은 ba trăm nghìn 바 짬 응인 (300 X 1,000)이다.

10,000 = 10 mười × 1,000 nghìn
100,000 = 100 trăm × 1,000 nghìn
으로 읽는다.

② trăm 짬 은 백百, nghìn 응인 (=ngàn 응안)은 천千이다. 1(một) triệu 몯 찌에우는 백만, mười triệu 므어이 찌에우는 천만이다.

mời ~해 주세요

원래 초대하다, 초청하다의 뜻을 가진 동사이다. 그러나 2인칭 대명사 앞에 와서 ~해 주세요의 뜻을 가진 권유나 부탁의 표현을 나타내는 가벼운 명령의 뜻을 나타낸다.

mời + 2인칭 대명사 +

예

머이 찌 응오이
Mời chị ngồi. 앉으세요. ▸ ngồi 응오이 앉다

머이 아잉(안) 중 까 페
Mời anh dùng cà phê. 커피를 드세요. ▸ dùng 중 마시다, cà phê 까 페 커피

머이 찌 막 트
Mời chị mặc thử. 입어 보세요. ▸ mặc 막 입다

주요동사 2

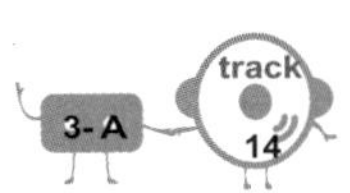

독	쌤	비엗	노이	응애
đọc	xem	viết	nói	nghe
읽다	보다	쓰다	말하다	듣다.

4 quá　　매우, 너무~하다

quá 꾸아, rất 렅(=절), lắm 람 은 모두 형용사와 함께 쓰여 매우, 아주라는 뜻으로 같지만, 그 위치가 다르다.

❶ rất은 형용사나 동사 앞에 놓인다.

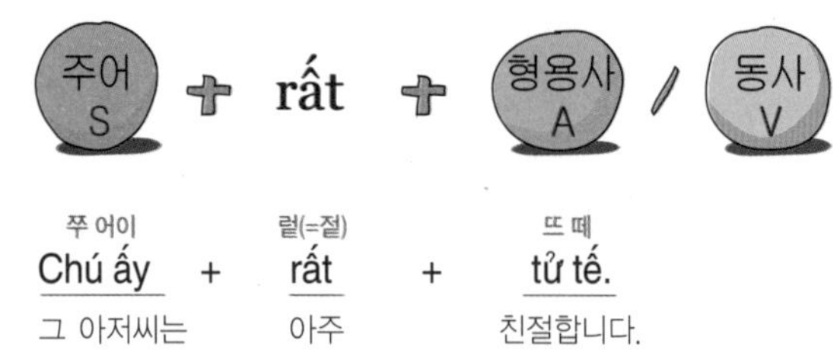

쭈 어이 Chú ấy	+	렅(=절) rất	+	뜨 떼 tử tế.
그 아저씨는		아주		친절합니다.

예

렅(=절) 또
Rất to.　　매우 크다.

까 페 쭝 응위엔 렅(=절) 텀 바 응온
Cà phê Trung Nguyên rất thơm và ngon.
Trung Nguyên 커피는 향도 좋고 아주 맛있군요.

thơm, ngon 등은 음식의 성질을 나타내는 형용사이다. 

❷ quá, lắm은 형용사나 동사 뒤에 놓인다.

예 Nặng quá. (낭 꾸아) 아주 무겁다.　Thích lắm. (틱 람) 매우 좋아한다.

Món ăn này ngon lắm! (몬 안 나이 응온 람) 이 음식은 아주 맛있어요!

❸ quá는 형용사나 동사 앞에 놓이기도 하는데, 이 때에는 본문과 마찬가지로, 너무 ~하다그 정도가 지나치다라는 의미의다.

예 Quá nhỏ. (꾸아 뇨) 너무 작네요.

형용사 2

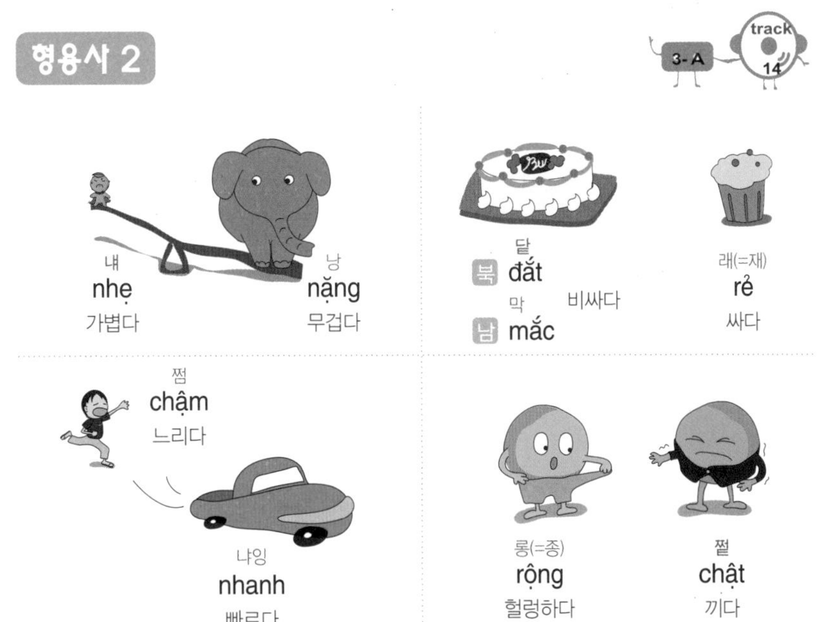

5 종별사

앞에서도 나왔지만 p75 참조, 명사를 나타내는 다양한 종별사를 알아보자.

Cái 까이

종별사 단위성 명사라고 한다. 대부분의 명사 앞에 온다.

까이	아오	나이	댑	꾸아	
Cái	áo	này	đẹp	quá.	이 옷은 아주 아름답군요.
종별사	옷	이	아름답다	아주	

tờ 떠

종이, 서류, 신문 등

예 tờ báo (떠 바오) 신문　　tờ giấy (떠 저이) 종이, 서류

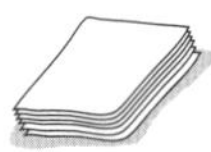

cuốn, quyển 꾸온 꾸위엔

책, 노트 등

예 quyển sách (꾸위엔 싸익) 책　　cuốn vở (꾸온 버) 노트

quả 꾸아 북 북쪽 과일　　**trái** 짜이 남 남쪽 과일

예 quả dưa hấu / trái dưa hấu (꾸아 즈아 허우 / 짜이 유어 허우) 수박

quả chuối / trái chuối (꾸아 쭈오이 / 짜이 쭈오이) 바나나

ngôi 응오이

집, 별

예 ngôi nhà (응오이 냐) 집　　ngôi sao (응오이 싸오) 별

6 hơi 약간, 조금

약간, 조금 등의 뜻으로 정도를 나타내는 부사이다. 동사, 형용사 뒤에 **hơi** 허이와 같은 의미의 부사 **một chút** 몯 쭏, **một tí** 몯 띠, **một ít** 몯 읻 등과 같이 쓸 수도 있다.

허이 싸
Hơi xa. 조금 멀다.

▸ xa 싸 멀다

허이 도이
Hơi đói. 배가 약간 고프다.

▸ đói 도이 배고프다

허이 코 몯 쭏
Hơi khó một chút. 좀 어렵다. ▸ khó 코 어렵다

허이 부온 몯 쭏
Hơi buồn một chút. 좀 슬프다. ▸ buồn 부온 슬프다

베트남에서 통하는 회화따라하기

색깔 말하기

Cái này màu gì?
까이 나이 마우 지
이것은 무슨 색입니까?

Cái này màu trắng.
까이 나이 마우 짱
이것은 흰색입니다.

▶ Cái này (đấy) ______________ .   이것(그것)은 __________ 입니다.

 màu trắng 마우 짱 흰색	 màu đen 마우 댄 검정	 màu đỏ 마우 도 빨강	 màu vàng 마우 방=마우 가 꼰 노랑(=병아리색)
 màu xanh 마우 싸잉 파랑	 màu xanh lá cây 마우 싸잉 라 꺼이 녹색	 màu tím 마우 띰 보라색	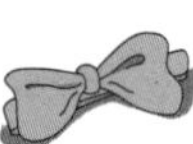 màu hồng 마우 홍 핑크색
 màu nâu 마우 너우 갈색	 màu vàng của vàng 마우 방 꾸어 방 금색	 màu bạc 마우 박 은색	

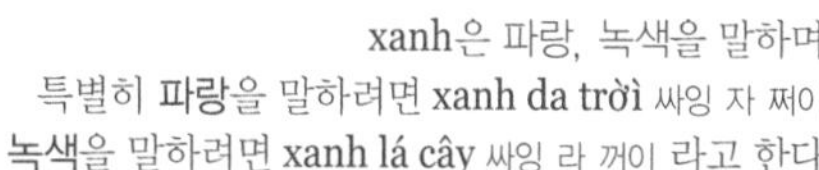

xanh은 파랑, 녹색을 말하며,
특별히 **파랑**을 말하려면 **xanh da trời** 싸잉 자 쩌이,
녹색을 말하려면 **xanh lá cây** 싸잉 라 꺼이 라고 한다.

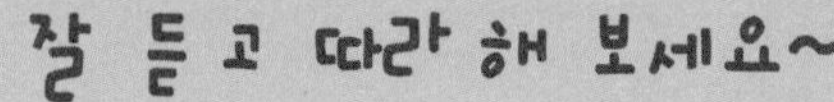
잘 듣고 따라 해 보세요~

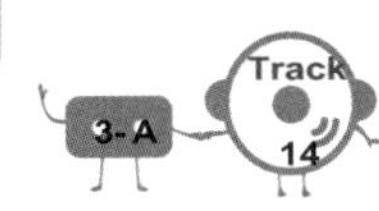
3-A
Track
14

물건찾기

Có mũ không?
꼬 무 콩
모자 있습니까?

▶ khác 칵 다르다

Có màu khác không?
꼬 마우 칵 콩
다른 색 있습니까?

Ở đây có bán áo dài không? 여기에 아오자이 있습니까?
어 더이 꼬 반 아오 자이 콩

Có cỡ khác không? 다른 사이즈 있습니까?
꼬 꺼 칵 콩

▶ cỡ 꺼 사이즈, 크기

Có cái nào rẻ hơn không? 좀 더 싼 것 있습니까?
꼬 까이 나오 래(=재) 헌 콩

▶ rẻ 래(=재) 싸다
hơn 헌 조금 더

Cho tôi xem cái khác! 다른 것을 보여 주세요.
쪼 또이 쌤 까이 칵

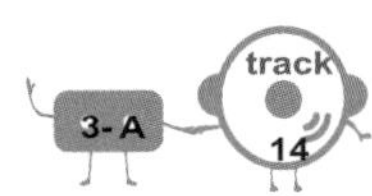

기타 여러가지 표현

▸ cửa hàng 끄아 항
가게, 상점

Tôi chỉ xem thôi.
또이 찌 쌤 토이
그냥 구경하는 겁니다.

▸ chỉ... thôi 찌... 토이 ~하기만 하다

Xin bớt cho!
씬 벋 쪼
좀 깎아 주세요.

▸ bớt 벋 값을 깎다

Cho tôi cái này!
쪼 또이 까이 나이
이것을 주세요.

Tôi không mua cái đó.
또이 콩 무아 까이 도
그것은 사지 않겠습니다.

▸ cái đó 까이 도 그것

Có thể trả (thanh toán) bằng đô la không?
꼬 테 짜(타잉 토안) 방 도 라 콩
달러로 계산할 수 있습니까?

▸ trả (thanh toán) 짜 (타잉 토안) 계산하다, 돈을 내다
đô la 도 라 달러

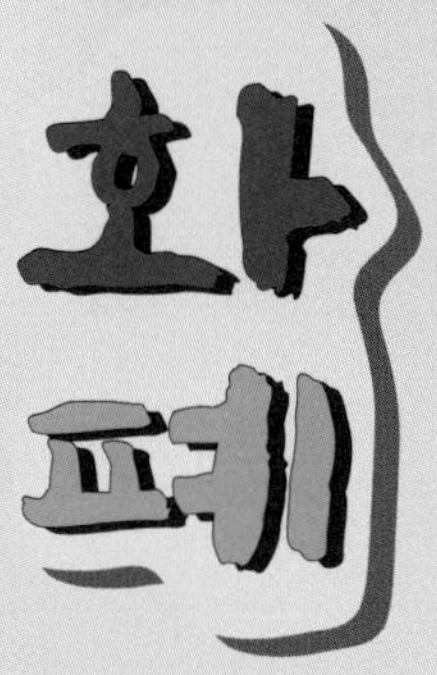

화폐단위는 đồng 동입니다. VND는 베트남 동의 약자입니다.
미화 1USD = 954WON = 16,050VND 2006.10.18 기준
한국돈을 베트남돈으로 환산하려면 약 16.8을 곱하면 되요~
베트남화폐는 아래와 같은 종류가 있으며
동전이 새로 발행되었으며, 동전이 발행되는 화폐는
더 이상 지폐가 발행되진 않지만 현재 같이 통용되고 있어요.

현재, 통용되고 있는 화폐에 대해 알아보죠. ※100동짜리 지폐는 발행중단된지 오래되어 구하기 힘들다.

▶ 신권

200 đồng 〉〉 지폐 · 동전 약 12원

▶ 구권

500 đồng 〉〉 지폐 · 동전 약 30원

▶ 신권

▶ 구권

500동으로 무엇을?
껌, 베트남 전통차 한 잔.

1,000 đồng 〉〉지폐 · 동전 약 60원

▶ 신권

▶ 구권

1,000동으로 무엇을?
찹쌀 주먹밥, 스넥류 빵, 아이스크림,
면도기, 녹즙 한 잔, 소금 한 봉지 정도.

▶ 신권

▶ 구권

2,000 đồng 〉〉 지폐 · 동전 약 120원

2,000동으로 무엇을?
찹쌀 돼지고기 주먹밥, 사탕, 껌 1통, 음료수 1병, 두유, 요구르트, 라면 한 봉지 정도.

▶ 신권

▶ 구권

5,000 đồng 〉〉 지폐 · 동전 약 300원

5,000동으로 무엇을?
냉커피 1잔, 우유 1팩, 작은 생수 1병, 음료수 1캔, 콜라, 500g 설탕, 화장지, 볼펜 1개, 노트 1권, 쌔옴 베트남식 오토바이 뒤에 타는 요금

▶ 신권

▶ 구권

10,000 đồng 〉〉 지폐 약 600원

10,000동으로 무엇을?
계란 1줄(10개), 오리알 1줄, 고등어 1마리, 양말, 작은 아동 그림책 1권, 비누, 쌀국수 퍼.

▶ 신권

▶ 구권

20,000 đồng 〉〉 지폐 약 1,190원

20,000동으로 무엇을?
이발요금, 고급 수입제 볼펜.

▶ 신권

▶ 구권

50,000 đồng 〉〉 지폐 약 2,980원

50,000동으로 무엇을?
일반 와이셔츠, CD 1장, 배떼, 티셔츠, 신발, 샴푸 큰 통.

▶ 신권

▶ 구권

100,000 đồng 〉〉 지폐 약 5,950원

100,000동으로 무엇을?
고급 와이셔츠, 청바지, 바지, 고급 신발, 안경.

▶ 신권

200,000 đồng 〉〉 지폐 약 11,900원

※200,000동짜리 지폐는 2006년 8월 30일 첫 발행되었다.

▶ 신권

500,000 đồng 〉〉 지폐 약 29,760원

※500,000동짜리 지폐는 2003년 12월 17일 첫 발행되었다.

Bài 13

13 메뉴를 보여 주세요.

Anh cho tôi xem thực đơn!

아잉(안) 쪼 또이 쌤 특 던

찌 중 지

Người phục vụ: Chị dùng gì?

씬 쪼 또이 쌤 특 던

Trang: Xin cho tôi xem thực đơn.

자, 더이

Dạ, đây.

아잉(안) 민수

Anh Min-soo!

아잉(안) 틱 몬 안 비엘 남 하이 몬 안 한 꾸옥

Anh thích món ăn Việt Nam hay món ăn Hàn Quốc?

몬 나오 꿍 드억

Min-soo: Món nào cũng được.

버이 아? 데 또이 쌤.

Vậy à? Để tôi xem.

쪼 또이 몯 디아 똠 느엉 바 몯 디아 짜 조

Cho tôi một đĩa tôm nướng và một đĩa chả giò.

아, 쪼 또이 숩 꾸어 쯔억

À, cho tôi súp cua trước.

찌 무온 으옹 지

Chị muốn uống gì?

쪼 또이 몯 짜이 꼬까 꼴라. 꼰 아잉(안) 민수

Cho tôi một chai coca cola. Còn anh Min-soo?

또이 꿍 버이

Tôi cũng vậy.

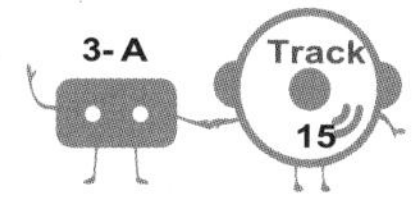

종업원	무엇을 드시겠습니까?
짱	메뉴를 보여 주세요!
종업원	여기 있습니다.
짱	민수씨! 베트남 음식이 좋아요, 한국음식이 좋아요?
민수	아무거나 괜찮아요!
짱	그래요? 보자…구운 새우 한 접시와 짜요 한 접시 주세요. 아, 게 수프를 먼저 주세요.
종업원	음료는 무엇으로 하시겠습니까?
짱	콜라 한 병 주세요. 민수씨는?
민수	저도요.

단어

□ dùng	중	드시다 존대말
ăn	안	먹다
□ thực đơn	특 던	메뉴
□ thích	틱	좋아하다
□ món ăn	몬 안	음식, 요리, 반찬
□ cũng	꿍	~도, 역시
□ được	드억	되다, 가능하다
□ vậy à	버이 아	그래요?
□ để	데	~하게 하다
□ tôm	똠	새우
□ nướng	느엉	구이
□ chả giò	짜 조	베트남 만두 Spring roll
□ súp	쑵	스프
□ trước	쯔억	먼저
□ muốn	무온	하고 싶다, 원하다
□ coca cola	꼬까 꼴라	코카콜라
□ cua	꾸어	게 crab
□ uống	으옹	마시다

아주 쉬운 해설

1 dùng 드시다

ăn 안 먹다의 존경표현이 dùng 중 드시다이다. 원뜻은 쓰다, 사용하다등이며, 여기서는 '먹다, 마시다' 의 존경표현이다.

머이 아잉(안) 중 브아 또이 버이 자 딩 쭝 또이

예 Mời anh dùng bữa tối với gia đình chúng tôi.

저희 가족과 함께 저녁식사를 같이 합시다.

▶ bữa tối 브아 또이 저녁 식사
gia đình 자 딩 가족

머이 아잉(안) 중 짱 미엥

Mời anh dùng tráng miệng. 디저트를 드세요.

▶ tráng miệng 짱 미엥 디저트

2-1 (Xin) Cho tôi + 동사 ~해 주세요

~해 주세요라는 의미로 부탁이나 정중한 명령을 할 때 쓰는 말이다.

1. 긍정문 (Xin) Cho tôi +  ~해 주세요

씬 쪼 또이 쌤 퐁

예 Xin cho tôi xem phòng. 방을 보여주세요.

▶ phòng 퐁 방

씬 쪼 또이 므언 까이 나이 몯 쭏

Xin cho tôi mượn cái này một chút.

이것을 잠깐 빌려주세요.

▶ mượn 므언 빌리다

2. 부정문 Xin đừng + 동사 V + (nhé)

~하지 말아 주세요

씬 등 쪼 니에우 드엉 냬
예) Xin đừng cho nhiều đường nhé. 설탕은 많이 넣지 말아 주세요.

▶ đường 드엉 설탕

씬 둥 람 특 안 까이 꾸아 냬
Xin đừng làm thức ăn cay quá nhé!
음식을 너무 맵게 하지 말아 주세요.

▶ thức ăn 특 안 음식
cay 까이 맵다

Xin mời 씬 머이

존경의 표현을 써서 권유할 경우 2인칭대명사의 앞에 그것을 나타내는 동사 mời를 써서 표현한다.
또한, xin과 동사 mời 대신에 xin과 mời가 하나로 합쳐서 사용되는 경우도 있다.

씬 머이 아잉(안) 중 카 뻬
예) Xin mời anh dùng cà phê. 커피를 드세요.

▶ cà phê 까 뻬 커피

씬 머이 아잉(안) 중 디엠 떰
Xin mời anh dùng điểm tâm. 아침 드세요.

▶ điểm tâm 디엠 떰 아침식사

아침식사는 주로 phở 프 베트남 쌀국수를 먹는다.

▶ ăn sáng 안 쌍 아침 식사하다
ăn trưa 안 쯔어 점심 식사하다
ăn tối 안 또이 저녁 식사하다

2-2 Cho tôi~ + 명사 ~을 주십시오

Cho는 원래 주다라는 뜻이다. 여기서는 Cho tôi~의 형태로 (저에게)~을 주세요라는 의미이다.

예

쪼 또이 몯 또 퍼
Cho tôi một tô phở. 쌀국수 한 그릇 주십시오.

쪼 또이 몯 짜이 느억 응옫
Cho tôi một chai nước ngọt. 음료수 한 병 주십시오.

▶ nước 느억 물
ngọt 응옫 달다

쪼 또이 몬 나이 쯔억
Cho tôi món này trước. 이것을 먼저 주세요.

▶ trước 쯔억 먼저

쪼 또이 하이 리 카뻬 쓰아 다
Cho tôi hai ly cà phê sữa đá. 냉커피 두 잔 주세요.

cà phê 커피는 외래어이다. 

3 hay ~까, 그렇지 않으면 ~까?

여기서의 hay는 ~까? 그렇지 않으면(또는) ~까?라는 뜻으로, 둘 이상의 것에서 선택의 의미를 포함할 경우 사용하는 표현이다.

예

아잉(안) 틱 몬 안 쭝 꾸옥 하이 몬 안 녇 반
Anh thích món ăn Trung Quốc hay món ăn Nhật Bản?
중국음식이 좋아요? 아니면 일본음식이 좋아요?

이 외에, hay는

① 자주, 종종의 뜻으로, 동사의 앞에 놓인다.

예

또이 하이 디 비엗 남
Tôi hay đi Việt Nam. 나는 종종 베트남에 간다.

② 좋다, 재미있다의 뜻으로, 상대의 의견이나 생각에 찬성하는 경우 사용한다.

풍 따 우옹 까이 지 녜
예 Chúng ta uống cái gì nhé. 우리 무엇인가 좀 마십시다.

▶ chúng ta 풍 따 우리상대방을 포함

하이 더이
···› Hay đấy! 좋아요!

기본적인 베트남식단

몬 코
Món kho
조림 반찬 (돼지고기, 생선, 닭고기…)

몬 까잉(깐)
Món canh
국

몬 껌
Món cơm
밥

몬 싸오
Món xào
튀김 반찬, 볶음 반찬 (계란,야채…)

4 đồ uống 음료

Bạn uống gì? 반 으옹 지? 무엇을 마시겠습니까?는 주문 받을 때, 음료는?이라는 뜻이다.

베트남에서 마시는 물은 2종류가 있다.

nước suối 느억 쑤오이	물미네랄 워터
nước khoáng 느억 코앙	물가스가 들어있는 것

느억 짜 다
예 nước trà đá 아이스 녹차

느억 째 다
= nước chè đá

trà와 chè는 같은 의미로, 차茶를 의미한다.

느억 nước 물	깜 + cam	오렌지	= nước cam	오렌지 쥬스
	짜잉(짠) + chanh	레몬	= nước chanh	레몬 쥬스
	코앙 + khoáng	뜻이 없음	= nước khoáng	미네랄 워터
	다 + đá	돌石, 얼음	= nước đá	얼음물

음료

째 chè 짜 = trà	베트남차	비아 bia	맥주
홍 짜 hồng trà	홍차	쓰어 sữa	우유
째 싸잉 북 chè xanh 짜 산 남 trà xanh	녹차	까 뻬 cà phê 까 뻬 쓰어 cà phê sữa	커피 밀크커피
느억 짜이 꺼이 nước trái cây	쥬스	까 뻬 쓰어 다 cà phê sữa đá 까 뻬 댄 cà phê đen	냉밀크커피 블랙커피
느억 꼬까 꼴라 nước coca cola	콜라	르어우(=즈어우) rượu	술

맥주나 음료 등의 잔을 세는 단위는 **컵**으로 한다.
컵glass은 북부에서는 **cốc** 꼭, 남부에서는 **ly** 리 라고 한다.

예 북 một cốc (몯 꼭) 남 một ly (몯 리) 한 잔

cũng ~도, 역시

cũng 꿍 은 ~도, 역시의 뜻으로, gì~ cũng은 ~이라도(이든)~하다라는 의미를 나타낸다.

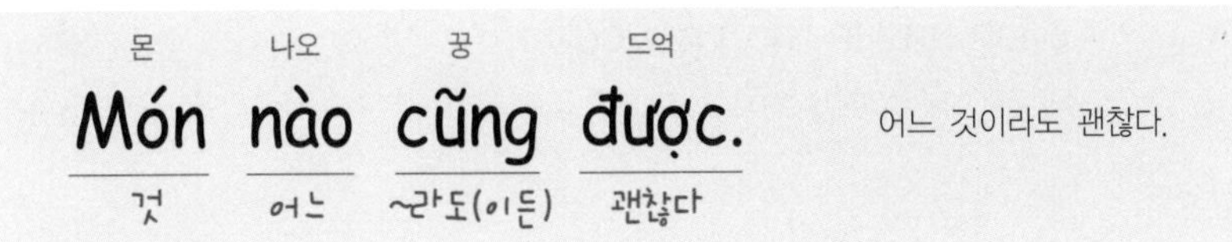

몬 나오 꿍 드억
Món nào cũng được.
것 어느 ~라도(이든) 괜찮다

어느 것이라도 괜찮다.

따라서, Món nào cũng được. 은 아무거나 괜찮아요.라는 뜻이 된다.

예 몬 지 아잉(안) 어이 꿍 안 드억
Món gì anh ấy cũng ăn được.
어떤 음식이든 그는 먹을 수 있다.

맛을 나타내는 말

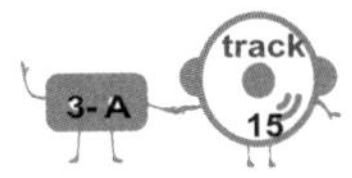

발음	단어	뜻	발음	단어	뜻
응온	ngon	맛있다	까이	cay	맵다
응옫	ngọt	달다	당	đắng	쓰다
쭈어	chua	시다	만	mặn	짜다
냗	nhạt	싱겁다	덤	đậm	진하다

예 응온 람 Ngon lắm. 아주 맛있다   콩 응옫 Không ngọt. 달지 않다

베트남에서 통하는 회화따라하기

식사표현

Món này là món gì? 이 음식은 무슨 음식입니까?
몬 나이 라 몬 지

···› Món này là món gỏi cuốn. 이 음식은 (생)춘권 입니다.
몬 나이 라 몬 고이 꾸온

▸ gỏi cuốn 고이 꾸온 익히지 않은 춘권

···› Món này là món cơm rang. 이 음식은 볶음밥 입니다.
몬 나이 라 몬 껌 랑(=장)

▸ cơm rang 껌 랑(=장) 북 볶음밥
cơm chiên 껌 찌엔 남 볶음밥

cơm rang은 베트남 어느 지역에나 있다.

···› Món này là món lẩu hải sản. 이 음식은 해산물 샤브샤브입니다.
몬 나이 라 몬 러우 하이 싼

···› Món này là món phở. 이 음식은(베트남) 쌀 국수입니다.
몬 나이 라 몬 퍼

phở와 bún는 모두 쌀 국수이지만, phở는 굵게 썰어 만든 면이며, bún은 보다 가늘게 썰어 만든 면이다.

과일 ▸ Đây là ____________. 이것은 _________ 입니다.

táo
따오
사과

xoài
쏘아이
망고

chuối
쭈오이
바나나

sầu riêng
써우 리엥(=지엥)
두리안

dưa hấu
즈아 허우
수박

cam
깜
오렌지

북 dứa 즈어 / 남 thơm 텀
파인애플

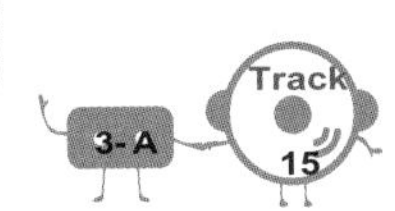

2 Bạn muốn dùng món tráng miệng gì?

반 무온 중 몬 짱 미엥 지

디저트는 무엇으로 드시겠습니까?

▶ **món tráng miệng** 몬 짱 미엥 디저트
bạn 당신〈2인칭 대명사〉

···› Cho tôi một cốc kem.
쪼 또이 몯 꼭 깸

아이스크림 한 컵 주세요.

▶ **kem** 깸 아이스크림

···› Cho tôi một đĩa hoa quả.
쪼 또이 몯 디아 호아 꾸아

과일을 한 접시 주세요

▶ **hoa quả** 호아 꾸아 (북) / **trái cây** 짜이 꺼이 (남) 과일

···› Cho tôi một cái bánh.
쪼 또이 몯 까이 바잉(반)

케익 한 개 주세요.

▶ **bánh** 바잉(반) 케익

···› Cho tôi một cốc trà Việt Nam.
쪼 또이 몯 꼭 짜 비엘 남

베트남 차 주세요.

▶ **trà Việt Nam** 짜 비엘 남 베트남 차
▶ **cốc** 꼭 (북) / **ly** 리 (남) ~컵, 잔

식사시 사용하는 인사말

식사 전

Xin mời anh.
= Mời anh ăn cơm.
씬 머이 아잉(안)= 머이 아잉(안) 안 껌
많이 드세요.

Vâng, mời chị.
벙, 머이 찌
잘 먹겠습니다.

식사 후

잘 먹었습니다.

Ngon quá.
응온 꾸아
아주 맛있었습니다.

Cảm ơn.
깜 언
감사합니다.

천만에요.

Cảm ơn.
깜 언
감사합니다.

Có gì đâu.
꼬 지 더우
천만에요!

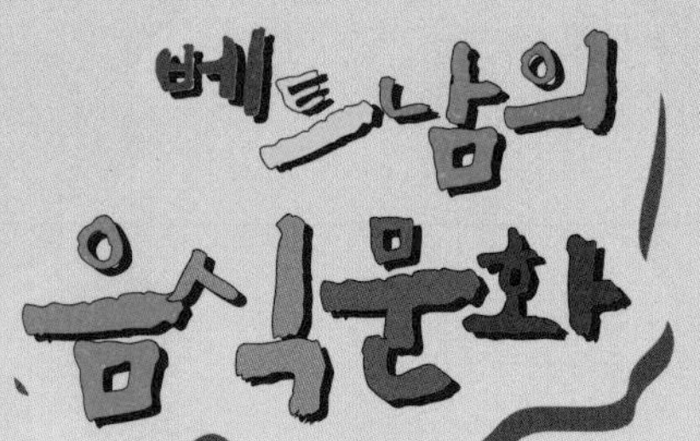

베트남 시내에는 많은 밥집이 있어, Cơm bình dân 껌 빙 전 서민밥집, Cơm đĩa 껌 디아 접시밥, Cơm bụi 껌 부이 먼지밥집이라 불리는 밥집들은 주로 접시에 밥과 고기, 야채를 얹어서 주어.

우리는 주식이 쌀인데 찰기가 없어서 한끼에 3~4 그릇의 밥을 먹어.

반찬은 주로 고기_생선, 생채, 국이고 고기는 보통 돼지고기 구이, 조림이나 닭고기 요리이고, **Rau** 라우 라 불리는 야채는 상추, 오이와 향기가 독특한 **Rau thơm** 라우 텀 을 생채로 먹어.

Canh 까잉(깐)이라 불리는 국에는 고기와 나물이 들어가지.

여러 명이 같이 먹을 때는 집에서 먹듯이 북 **bát** 밭 남 **Chén** 짼 개인용 접시에 밥을 덜어서 먹지.

베트남 차 끓인물에 얼음 넣은 것을 **Trá đà** 짜 다 라고하는데, 기름기 많은 음식을 먹을때 아주 좋아.

퍼 Phở

퍼 Phở는 뜨거운 쌀 국수 정도로 생각하면 된다. 국물은 뼈다귀 우려낸 물이다. 첨가되는 고기 종류에 따라서 퍼의 종류가 나뉘어진다. 소고기를 넣으면 퍼 보Phở bò, 닭고기를 넣으면 퍼 가Phở gà이다. 주로 '퍼보'를 즐겨 먹는다. 뜨거운 국물에 쌀국수와 파, 고기가 들어 있다. 본인 취향에 따라서 야채상추, 숙주나물 등와 레몬즙, 고추 혹은 고추소스, 달걀을 곁들여서 먹을 수가 있다. 한국인들은 고추 소스를 넣어서 먹으면 얼큰한 소고기국물 맛을 느낄 수 있다. 현지인은 주로 아침 식사나 간단히 요기를 할 때 먹는다.

남부에는 퍼 외에도 후띠우 Hủ tiú가 유명하다. 퍼와 비슷하나 면발이 가늘고 딱딱한 편이다. 새우 Tôm 똠과 돼지고기 Thịt heo 팃 해오가 들어간다.

반미 Bánh Mỳ

반미는 프랑스 바게뜨빵과 비슷하다. 길이는 30㎝정도이며 겉이 딱딱하다. 그냥 떼어서 먹기도 하나 대부분 빵 가운데를 잘라서 달걀 후라이를 넣거나 말린 돼지고기, 야채를 넣어서 먹는다. 외국인들은 버터나 잼을 발라서 먹기도 한다. 베트남 전역에서 쉽게 구할 수 있으며, 쉽게 상하지 않고, 걸어다니면서 먹을 수 있고, 어디서나 허기를 채워줄 수 있는 빵이다. 역시 베트남인의 아침 식사용으로 애용된다. 가격은 500동~1,000동사이이며, 고기나 야채를 첨가하면 3,000동 가량 한다.

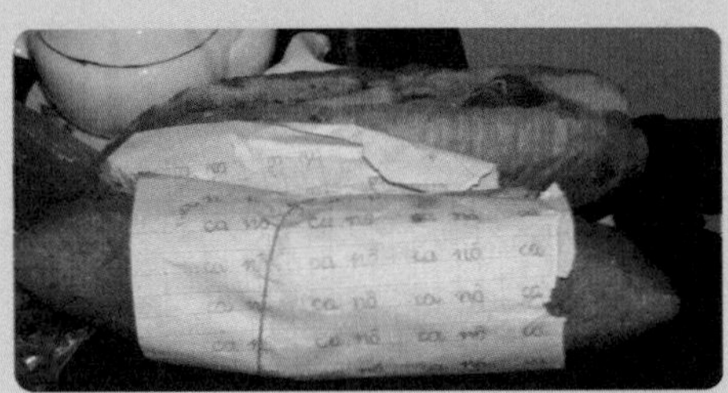

Bài 14
14

그 곳 날씨는 어떻습니까?

Thời tiết ở đó như thế nào?

터이 띠엘 어 도 뉴 테 나오

끼 응이 해 나이, 또이 딩 디 주 릭 비엘 남

Min-soo

Kỳ nghỉ hè này, tôi định đi du lịch Việt Nam.

버이 아? 똡 꾸아. 아잉(안) 딩 디 주 릭 어 더우

Hồng vân

Vậy à? Tốt quá! Anh định đi du lịch ở đâu?

또이 쯔어 꾸위엘 딩

Tôi chưa quyết định.

씬 저이 티에우 쪼 또이 느응 너이 노이 띠엥

Xin giới thiệu cho tôi những nơi nổi tiếng.

찌 다 디 하 노이 바오 저 쯔어

Chị đã đi Hà Nội bao giờ chưa?

하 노이 아? 또이 쯔어 디 하 노이 런 나오

Hà Nội à? Tôi chưa đi Hà Nội lần nào.

타잉 포 호 찌 밍 라 너이 나오 버이

Thành phố Hồ Chí Minh là nơi nào vậy?

타잉 포 호 찌 밍 라 타잉 포 런 녇 어 비엘 남

Thành phố Hồ Chí Minh là thành phố lớn nhất ở Việt Nam.

터이 띠엘 어 도 느 테 나오

Thời tiết ở đó như thế nào?

터이 띠엘 타잉 포 호 찌 밍 농 쑤옫 남

Thời tiết thành phố Hồ Chí Minh nóng suốt năm.

닥 비엘, 바오 무아 해 쩌이 트엉 므어

Đặc biệt, vào mùa hè, trời thường mưa.

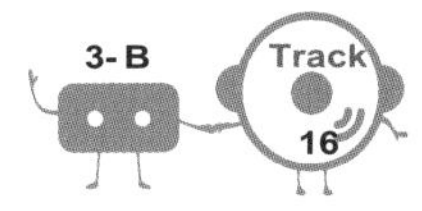

민수	이번 여름 휴가 때, 베트남여행을 하려고 합니다.
홍번	그래요? 아주 좋겠군요! 어디를 여행할 예정입니까?
민수	아직 결정하지 못했습니다. 좋은 곳을 추천해 주세요 이전에 하노이에 간 적이 있습니까?
홍번	하노이요? 하노이는 한 번도 가본 적이 없습니다.
민수	호치민은 어떤 곳인가요?
홍번	호치민은 베트남에서 가장 큰 도시입니다.
민수	날씨는 어떻습니까?
홍번	호치민은 1년 내내 덥습니다. 특히, 여름에 비가 자주 오는 편입니다.

단어

□ kỳ	끼	시기, 때	□ nơi	너이	장소,곳
□ nghỉ hè	응이 해	여름휴가	□ lớn nhất	런 녇	가장 큰
□ du lịch	주 릭	여행하다	□ thời tiết	터이 띠엘	날씨
□ vậy	버이	그러면, 그럼	□ suốt năm	쑤옫 남	일년 내내
□ chưa ~ lần nào	쯔어 ~ 런 나오	한 번도 ~한 적이 없다	□ nóng	농	덥다
□ quyết định	꾸위엘 딩	결정하다	□ đặc biệt	닥 비엘	특히, 특별하다
□ giới thiệu	저이 티에우	소개하다	□ mùa hè	무아 해	여름
□ nổi tiếng ´	노이 띠엥	유명하다	□ vào	바오	~에(시간)
□ thành phô	타잉(탄) 포	시내, ~시市	□ trời mưa	쩌이 므어	비가 오다

14 아주 쉬운 해설

1 nghỉ hè 여름휴가

여름휴가(방학)는 nghỉ hè 응이 해 라고 하며, 6월말~9월초까지를 말한다. nghỉ tết 응이 뗄 은 **설 연휴**를 말한다. 겨울휴가는 없다. 휴가기간에 대부분의 사람들은 여행을 하거나 아르바이트를 한다.

예 쭝 또이 트엉 람 템 바오 끼 응이 해
Chúng tôi thường làm thêm vào kỳ nghỉ hè.
우리는 보통 여름 방학에 아르바이트를 한다.

▶ làm thêm 람 템 아르바이트

2 chưa ~한 적이 있습니까?

~ chưa 쯔어 ~한 적이 있습니까?

이미 일어난 과거의 경험에 대해, '예' 나 '아니오' 등의 대답을 기대하면서 하는 질문표현이다. 이에 대한 **대답**은,

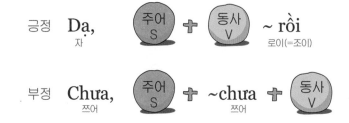

긍정 Dạ, 자 [주어 S] + [동사 V] ~ rồi 로이(=조이)

부정 Chưa, 쯔어 [주어 S] + ~chưa 쯔어 + [동사 V]

로 대답한다.

아잉(안) 디 하 노이 쯔어
예 Anh đi Hà Nội chưa? 당신은 하노이에 간 적이 있습니까?

자, 또이 디 하 노이 니에우 런 로이(=조이)
…› Dạ, tôi đi Hà Nội nhiều lần rồi. 네, 저는 하노이에 자주 갔었습니다.

rồi는 이미 ~했다라는 뜻으로, 문장의 끝에 온다. 

쯔어 , 또이 쯔어 디 하 노이
…› Chưa, tôi chưa đi Hà Nội. 아니오, 아직 간 적이 없습니다.

chưa는 아직 ~않다이라는 뜻으로, 동사 앞에 온다.

참고1 **đã** 다 + V ~했다 과거시제를 나타낸다

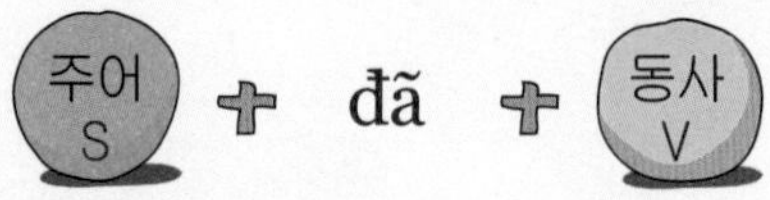

꼬 어이 다 디 니에우 너이 어 비엘 남
예 Cô ấy đã đi nhiều nơi ở Việt Nam.
그녀는 베트남에서 여러 곳을 갔었다.

참고2 **bao giờ** 바오 저
문장 끝에 오면 과거를 나타내지만, 문장 앞에 오면 미래를 나타낸다.

아잉(안) 어이 덴 비엘 남 바오 저
예 과거 Anh ấy đến Việt Nam bao giờ?
그는 언제 베트남에 왔습니까?

과거를 나타내는 đã가 없어도 bao giờ가 문장 끝에 왔으므로 과거 

바오 저 아잉(안) 어이 덴 비엘 남
미래 Bao giờ anh ấy đến Việt Nam?
그는 언제 베트남에 옵니까?

3 날씨

베트남은 남북으로 길게 뻗어 남쪽과 북쪽의 기후가 다르다.

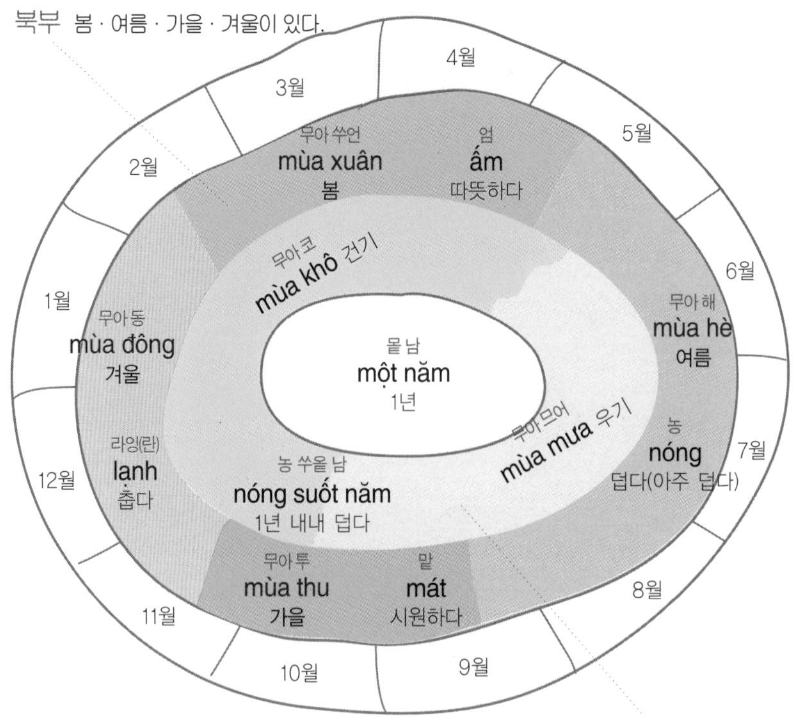

날씨

므어 mưa	비	
뚜위엘 tuyết	눈	
바오 bão	태풍	
썸 / 쌜 sấm / sét	천둥, 번개	
루 lũ	홍수	

예

홈 나이, 쩌이 농 꾸아
Hôm nay, trời nóng quá. 오늘은 아주 덥다.

버이 저 쩌이 므아
Bây giờ trời mưa. 지금 비가 온다.

어 비엘 남, 콩 꼬 뚜위엘
Ở Việt Nam không có tuyết. 베트남에는 눈이 안 내려요.

4 nhất 가장 ~하다

가장 ~하다라는 뜻의 최상급은 nhất 녈 가장으로 나타낸다. nhất 외에 hơn cả 헌 까 로 나타내는 경우도 있다.

■ 최상급

주어 S + 형용사 A + nhất 녈

예

빙 하 롱 라 탕 까잉(깐) 댑 녈 어 비엘 남
Vịnh Hạ Long là thắng cảnh đẹp nhất ở Việt Nam.
하롱베이는 베트남에서 가장 아름다운 관광지이다.

타잉(탄) 포 호 찌 밍 라 타잉(탄) 포 런 녈 어 비엘 남
Thành phố Hồ Chí Minh là thành phố lớn nhất ở Việt Nam.
호치민시는 베트남에서 가장 큰 도시이다.

참고 **비교급**

~만큼 ~하다는 **bằng** 방, ~보다 더 ~하다는 **hơn** 헌 으로 표현한다.

예

또이 혹 방 찌
Tôi học bằng chị. 나는 당신만큼 공부를 잘합니다.

또이 혹 헌 찌
Tôi học hơn chị. 나는 당신보다 더 공부를 잘합니다.

베트남에서 통하는 회화따라하기

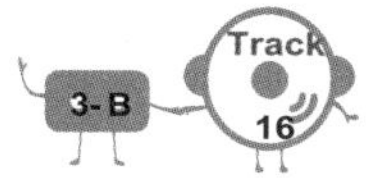

과거의 경험 ~한 적이 있습니까?

Anh đã đi Thành phố Hồ Chí Minh chưa?
아잉(안) 다 디 타잉(탄) 포 호 찌 밍 쯔어
호치민에 간 적이 있습니까? 갔었습니까?

Chị đã mặc thử áo dài chưa?
찌 다 막 트 아오 자이 쯔어
아오자이를 입어본 적이 있습니까?

Anh đã đội thử nón lá chưa?
아잉(안) 다 도이 트 논 라 쯔어
논라를 써 본 적이 있습니까?

Anh đã nghe thử nhạc Việt Nam chưa?
아잉(안) 다 응애 트 냑 비엘 남 쯔어
베트남 음악을 들어 본 적이 있습니까?

Anh đã ăn phở chưa?
아잉(안) 다 안 퍼 쯔어
쌀국수 phở 를 먹어본 적이 있습니까?

기타동사

mặc / cởi 막 / 꺼이
- áo 아오 — 상의를 입다 / 벗다
- quần 꾸언 — 바지(하의)를 입다 / 벗다

đi / bỏ 디 / 보
- giày 자이 — 신발을 신다 / 벗다
- dép 젭 — 샌달을 신다 / 벗다

đội / bỏ 도이 / 보
- 북 mũ 무 — 모자를 쓰다 / 벗다
- 남 nón 논 — 모자를 쓰다 / 벗다

đeo / tháo 데오 / 타오
- nhẫn 년 — 반지를 끼다 / 빼다
- kính 낑 — 안경을 쓰다 / 벗다

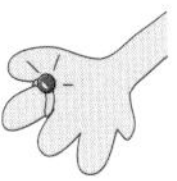

호치민시는 서울의 약 3배에 달한다 약 2,056의 면적으로 10m 내외의 낮은 평야에 위치하고 있다. 남쪽과 북쪽은 운하로 동쪽은 사이공으로 둘러 쌓여있다.

1975년 미국과의 전쟁에서 승리, 사이공 Sài Gòn 이라는 이름에서 호치민으로 그 명칭을 바꾸고, 최근의 개방화 정책으로 다른 어느 지역보다 활기가 넘치고 있어요.
호치민

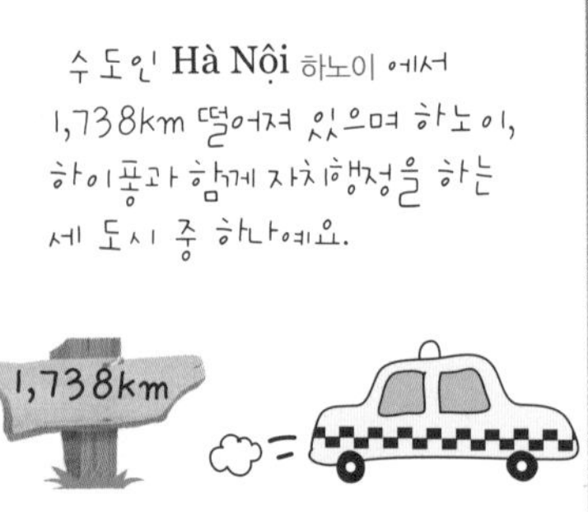

수도인 Hà Nội 하노이 에서 1,738km 떨어져 있으며 하노이, 하이퐁과 함께 자치행정을 하는 세 도시 중 하나예요.
1,738km

호치민시는 12개의 도시지역지구 중심지구와 6개의 농촌지역지구 외곽지구로 구성되어 있어요. 행정구역상 1,3,10구역이 **Sài Gòn** 사이 곤 지역으로 시의 중심지이며, 특히 1구역에는 인민위원회 시청를 중심으로 호텔, 각국 대사관, 은행, 음식점 등이 몰려 있어 가장 번화해요.
Chợ Lớn 쩌 런 지역은 차이나타운으로 5구역을 중심으로 6,8,11구역까지 펼쳐져 있어요. 사이공 중심지역에서 **Trần Hưng Đạo** 쩐 흥 자오 거리를 따라 5km쯤 가다 보면 한자 간판이 많이 나오는데 이곳이 촐롱지역이죠.
동남아의 다른 지역과 마찬가지로 이곳에도 부가 집중되어 있어 활기가 있고, 특히 사원이 많아 관광객들로 붐빕니다.

탄빈 지역은 탄빈, 푸념, 반툰구를 통틀어 부르는 것으로 탄손낫트 공항을 포함한 사이공 북부의 외곽지역을 말한다.
구찌 지역은 호치민시의 북서쪽 외곽지역으로 땅굴과 카오다이교의 본산으로 유명하다.

호치민 묘 Lăng Bác

바단 광장에 연꽃으로 꾸며져 있는 짙은 갈색의 대리석으로 된 사각형의 웅장한 건물이 "독립"과 "통일"이라는 두 가지 과업을 이룩해 낸 위대한 지도자로 추앙 받고 있는 호치민의 묘소이다.

호치민의 묘가 만들어진 것은 1975년이다. 내부에는 호치민 주석의 유체가 유리상자 안에 안치되어 있다. 호치민이 죽은 9월2일은1969년 베트남 전역에서 많은 사람들이 이곳을 찾는다. 묘 부근에 호치민이 살았던 소박하고 서민적이었던 목조건물의 집이 그대로 보존되어 있으며 집 앞에는 자스민 나무가 심어져 있고 연못에는 잉어가 헤엄치고 있다.

<호치민 주석의 동상>

인구는 약 540만명으로 베트남 최대의 경제도시인데 프랑스에 의해 통치되는 동안 많은 프랑스식 건물이 들어서고 외래문화와 물자의 유입으로 발전을 거듭해 동양의 파리, 동양의 진주라고 불리기도 한다.

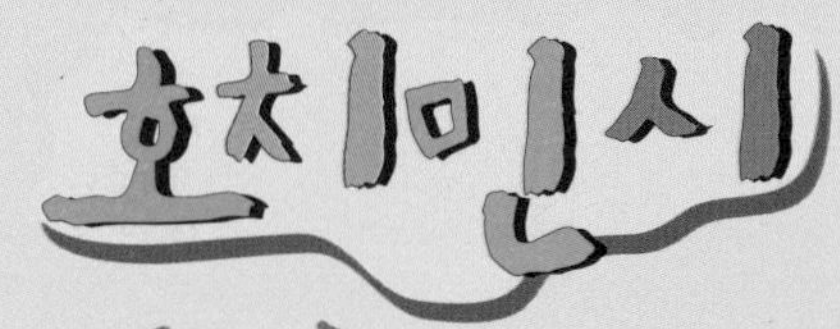

Thành Phố Hồ Chí Minh

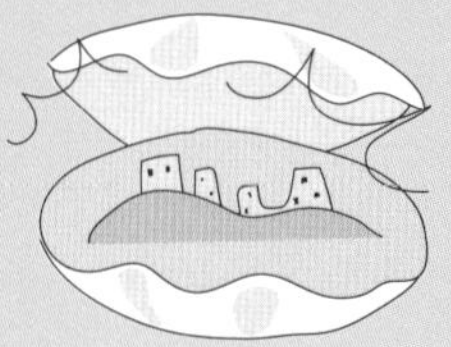

<호치민 시청> 인민위원회

성당

등 · 하교, 출 · 퇴근 모습

베트남 어린이

Sài Gòn 사이 곤 지역은
Nguyễn Huệ 응위엔 후에 거리와 Lê Lợi 레 로이
거리를 중심으로 하는데 월남전 당시 미군 장교
클럽이었던 렉스 호텔이 이 두 거리의
교차지점에 있어 이곳을 찾아가는데
이정표 구실을 하고 있어.

Bài 15

15

1인실은 하룻밤에 얼마입니까?

Phòng loại một bao nhiêu một đêm?

퐁 로아이 몯 바오 니에우 몯 뎀

Tiếp tân

씬 머이 아잉(안) 바오. 트어 아잉(안), 아잉(안) 껀 지
Xin mời anh vào. Thưa anh, anh cần gì?

Min-soo

짜오 찌. 또이 무온 투에 퐁
Chào chị. Tôi muốn thuê phòng.

아잉(안) 다 닫 퐁 쯔어
Anh đã đặt phòng chưa?

쯔어, 또이 쯔어 닫 퐁
Chưa , tôi chưa đặt phòng.

아잉(안) 무온 로아이 퐁 나오
Anh muốn loại phòng nào ?

또이 무온 몯 퐁 던
Tôi muốn một phòng đơn.

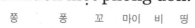

쫑 퐁 꼬 마이 비 띵 써 중 드억 인터넫 콩
Trong phòng có máy vi tính sử dụng được internet không?

벙, 지 니엔 라 꼬. 꼬 띠비 바 뚜 라잉 느어
Vâng, dĩ nhiên là có. Có tivi và tủ lạnh nữa.

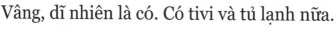

퐁 뚜이 뇨 능 럳(=젇) 싸익 쌔 바 맏 매
Phòng tuy nhỏ nhưng rất sạch sẽ và mát mẻ.

아잉(안) 쌔 어 머이 응아이
Anh sẽ ở mấy ngày?

또이 쌔 어 바 응아이
Tôi sẽ ở 3 ngày.

씬 로이, 쪼 또이 쌤 호 찌에우
Xin lỗi, cho tôi xem hộ chiếu.

벙, 호 찌에우 더이
Vâng, hộ chiếu đây.

퐁　아잉(안)　쏘 바 링 찐.　더이　라　찌아　코아　퐁　아잉(안)

Phòng anh số 309. Đây là chìa khóa phòng anh.

깜　언　찌

Cám ơn chị.

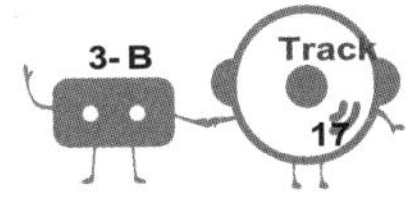

호텔 직원	어서 오십시오. 무엇을 도와드릴까요?
민수	안녕하세요. 방을 하나 빌리고 싶은데요.
호텔 직원	예약하셨습니까?
민수	아니오, 예약하지 않았습니다.
호텔 직원	어떤 종류의 방을 원하십니까?
민수	1인실이요. 그런데 방 안에 인터넷이 가능한 컴퓨터가 있습니까?
호텔 직원	예, 물론 있습니다. 또한, TV와 냉장고도 있습니다. 방은 작지만 깨끗하고, 아주 시원해요 며칠간 묵으실 겁니까?
민수	3일이요.
호텔 직원	실례지만, 여권을 보여주십시오.
민수	네, 여기 제 여권입니다.
호텔 직원	309호실입니다. 여기 열쇠를 받으십시오.
민수	감사합니다.

단어

□ tiếp tân	티엡 떤	호텔 직원
□ thưa	트아	~님
□ cần	껀	필요하다
□ thuê	투에	빌리다
□ phòng	퐁	방
phòng đơn	퐁 던	1인실
phòng đôi	퐁 도이	2인실
□ đặt	닫	예약하다
□ loại	로아이	종류
□ trong	쫑	안 中
□ máy vi tính	마이 비 띵	컴퓨터
□ được	드억	가능하다
□ internet	인터넽	인터넷
□ dĩ nhiên	지 니엔	물론, 당연하다
□ tivi	띠비	텔레비전
□ tủ lạnh	뚜 라잉(란)	냉장고
□ nhỏ	뇨	작다
□ tuy~ nhưng~	뚜이~ 능~	~지만 ~하다
□ sạch sẽ	싸익 쌔	깨끗하다
□ mát mẻ	맏 매	시원하다
□ mấy ngày	머이 응아이	며칠간
□ hộ chiếu	호 찌에우	여권
□ chìa khóa	찌아 코아	열쇠

15 아주 쉬운 해설

1 thưa ~님

인칭대명사 또는 직업을 가리키는 단어 앞에 붙어서 존경이나 예의를 나타낸다. 주로, 웃어른이나 손님 등에게 사용한다.

예 트아 바, 옹어이 디 방 로이(=조이) 아
Thưa bà, ông ấy đi vắng rồi ạ.
아주머님, 그는 부재중입니다.

▶ đi vắng 디 방 부재중

트아 옹 잠 독, 또이 다 닫 끼 배 마이 바이 쪼 옹 로이(=조이) 아
Thưa ông Giám đốc, tôi đã đặt ký vé máy bay cho ông rồi ạ.
사장님, 사장님 비행기표를 예약했습니다.

▶ giám đốc 잠 독 사장(소장,부장) đặt ký 닫 끼 예약하다
máy bay 마이 바이 비행기 vé 배 표

2 명사구의 어순

❶ [피수식어 + 수식어]의 순서로, 우리말이나 영어와는 반대이다.

	바	까이	마이 쭙 힝	머이	나이
베트남어	ba	cái	máy chụp hình	mới	này
	3(수사)	(종별사)	카메라	새로운	이
영어	These	three	new	cameras	
우리말	이	3개의	새로운	카메라	

❷ 지시사指示詞는 우리말이나 영어와는 달리 명사구의 제일 마지막에 놓인다.

❸ 수사數詞는 우리말과 같이 명사구 제일 앞에 오며, 명사 바로 앞에 종별사나 조수사가 놓이다.

phòng đơn 1인실

1인실(싱글룸)은 phòng đơn 퐁 던 이라고 하며, 2인실은 phòng đôi 퐁 도이 라고 한다.

집의 구조에 대해 알아보자.

방 phòng

3-B Track 17

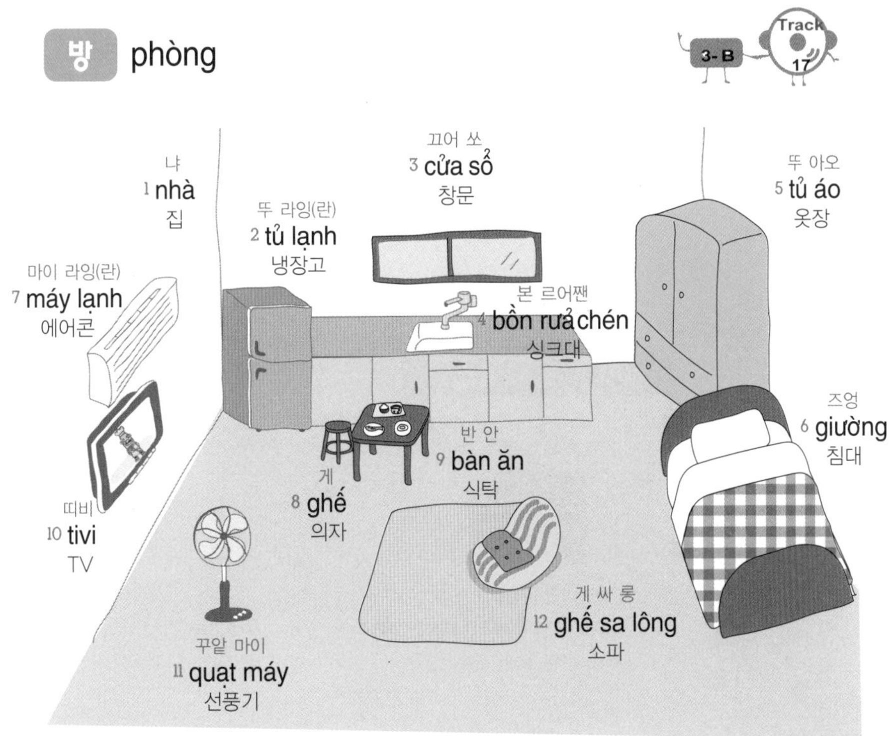

Trong 쫑 안

예 쫑 퐁 꼬 띠비 콩
Trong phòng có ti vi không? 방에 TV가 있습니까?

쫑 퐁 꼬 마이 라잉(란) 콩
Trong phòng có máy lạnh không? 방에 에어컨이 있습니까?

쫑 냐 꼬 머이 퐁
Trong nhà có mấy phòng? 집 안에 방이 몇 개 있습니까?

위치 + 명사 ~에

위치					
trên	쩬	위	dưới	즈어이	아래
trong	쫑	안	ngoài	응오아이	바깥
trước	쯔억	앞	sau	싸우	뒤
trái	짜이	왼쪽	phải	파이	오른쪽

방향					
Đông	동	동	Tây	떠이	서
Nam	남	남	Bắc	박	북

여러가지 위치표현

찌아 코아 어 쩬 반 저이
Chìa khoá ở trên bàn giấy.
열쇠는 서류 책상 위에 있다.

꼰 쪼 남 어 즈어이 반 안
Con chó nằm ở dưới bàn ăn.
식탁 밑에 강아지가 누워있다.

띠엔 어 쫑 비
Tiền ở trong ví.
지갑 안에 돈이 있어요.

아잉(안) 아이 찌 등 어 응오아이, 콩 바오 쫑 퐁
Anh ấy chỉ đứng ở ngoài,
không vào trong phòng.
방안으로 들어오지 않고, 바깥에만 서 있어요.

퐁 옹 아이 어 쩬 떵 하이
Phòng ông ấy ở trên tầng 2.
그의 방은 2층 위에 있어요.

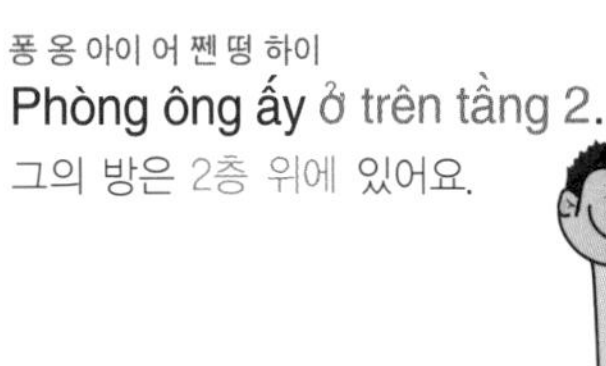

퐁 아잉(안) 어이 어 즈어이 떵 본
Phòng anh ấy ở dưới tầng 4.
그의 방은 4층 아래에 있어요.

아잉(안) 어이 당 쩌이 봉 어 쫑 싼
Anh ấy đang chơi bóng ở trong sân.
그는 운동장 안에서 공 놀이를 하고 있어요.

꼬 어이 당 등 어 응오아이 싼
Cô ấy đang đứng ở ngoài sân.
그녀는 운동장 밖에 서 있어요.

4 tất nhiên 물론, 당연히

물론, 당연히라는 뜻으로, 영어의 too에 해당하는 부사이다. đương nhiên 드엉 니엔 이라고 해도 된다. 구어체에서는 그 뒤에 là를 붙이는 경우가 많지만, 특별한 의미는 없다.

떧 니엔 라 드억 쯔
 Tất nhiên là được chứ. 물론, 괜찮아요.(좋습니다)

5 tuy~ nhưng~ ~하지만 ~하다

앞뒤가 서로 반대되는 상황을 나타내는 표현이다. nhưng 다음에 나오는 결과는 당연히 일어날 수 없는 일이지만, 실제로 그 일이 일어난 상황을 나타낸다.

카익 싼 어이 뚜이 뇨 느응 럳(=젇) 싸익 쌔 바 띠엥 응이
예 Khách sạn ấy tuy nhỏ nhưng rất sạch sẽ và tiện nghi.
그 호텔은 아주 작지만 매우 깨끗하고 편리하다.

▶ Khách sạn 카익 싼 호텔
sạch sẽ 싸익 쌔 깨끗하다
và 바 ~하고
tiện nghi 띠엥 응이 편리하다

이와 비슷한 구문은 다음과 같다.

càng ~ càng~ (깡 깡) ~하면 할수록 점점 ~하다

깡 혹 띠엥 비엩 남 깡 터이 하이
예 Càng học tiếng Việt Nam càng thấy hay.
베트남어는 공부하면 할수록 점점 더 재미있어진다.

vừa~ vừa~ (브아 브아) ~하면서 ~하다, ~이며 ~하다

쭝 또이 브아 우옹 짜 브아 노이 쭈위엔
예 Chúng tôi vừa uống trà vừa nói chuyện.
우리는 차를 마시면서 이야기를 한다.

꼬 어이 브아 댑 브아 히엔 라잉(란)
Cô ấy vừa đẹp vừa hiền lành. 그녀는 예쁘며 착하다.

6 Mấy ngày? 며칠간

몇 일은 Ngày bao nhiêu?이지만, 며칠간은 Mấy ngày? 머이 응아이 이다. 이에 대한 대답은 숫자 + ngày 이다.

Mấy ngày? 며칠간?
머이 응아이

대답 ···▸  숫자 + ngày
응아이

베트남에서 통하는 회화따라하기

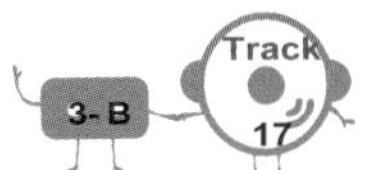

기간을 나타내는 표현

Chị(Anh) sẽ ở mấy ngày / bao lâu? 며칠간 머무르실 겁니까?
찌(아잉(안)) 쌔 어 머이 응아이 / 바오 러우

⋯› Tôi sẽ ở một ngày. 하루 머무를겁니다.
또이 쌔 어 몯 응아이

⋯› Tôi sẽ ở hai ngày. 이틀간 머무를겁니다.
또이 쌔 어 하이 응아이

⋯› Tôi sẽ ở ba ngày. 삼일간 머무를겁니다.
또이 쌔 어 바 응아이

⋯› Tôi sẽ ở bốn ngày. 사일간 머무를겁니다.
또이 쌔 어 본 응아이

날짜 ▸ Tôi sẽ ở ____________ . _______머무를겁니다.

하루, 1일	một ngày	몯 응아이
이틀, 2일	hai ngày	하이 응아이
사흘, 3일	ba ngày	바 응아이
나흘, 4일	bốn ngày	본 응아이
닷새, 5일	năm ngày	남 응아이
엿새, 6일	sáu ngày	싸우 응아이
이레, 7일	bảy ngày	바이 응아이
여드레, 8일	tám ngày	땀 응아이
아흐레, 9일	chín ngày	찐 응아이
열흘, 10일	mười ngày	므어이 응아이

잘 듣고 따라 해 보세요~

층수

Chị(Anh) Anh ở tầng mấy? 당신은 몇 층에 있습니까?
찌(아잉(안)) 어 떵 머이

⋯› Tôi ở tầng 1. 1층에 있습니다.
또이 어 떵 몯

⋯› Tôi ở tầng 2. 2층에 있습니다.
또이 어 떵 하이

⋯› Tôi ở tầng 3. 3층에 있습니다.
또이 어 떵 바

⋯› Tôi ở tầng 4. 4층에 있습니다.
또이 어 떵 본

층수 ~층은 tầng~ 떵~ 이다. **tầng + 숫자 ~층**

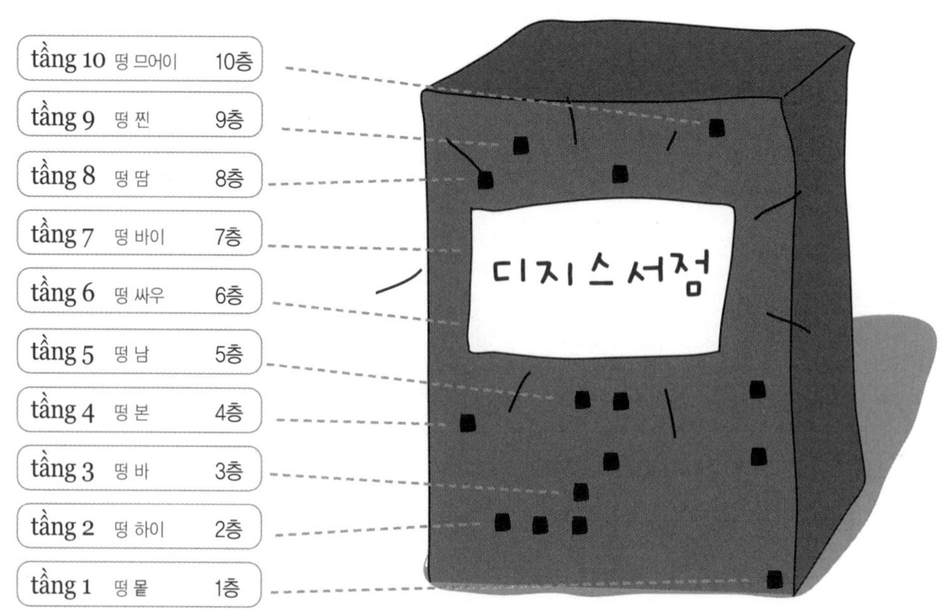

▶ 숫자읽기 p86 참조

하롱베이

Vinh Hạ Long

베트남의 아름다움을 표현하는데 하롱 베이만큼 그 느낌을 한번에 표현해 주는 곳도 없어.
바다 위에 떠 있는 3천여 개의 섬들이 만들어 내는 아름다움은 사람들 가슴속에 오랫동안 각인되거든.

영화 '인도차이나'의 배경이 되기도 했던 곳으로 하롱은 '하룡 下龍'의 베트남 발음으로 용이 내려와 앉았다는 전설을 가지고 있어.
이 곳은 독특한 지형으로도 유명한데, 석회암 카르스트 지형이 만들어내는 모양은 섬들이 원근에 따라 운치를 더해 주지.
1994년에 유네스코 문화 유산으로 지정되어 보호되고 있어.

Bài 16

16

오늘 피곤해 보이네요.

Hôm nay trông anh có vẻ mệt.

홈 나이 쫑 아잉(안) 고 배 멜

Trang

홈 나이 쫑 아잉(안) 꼬 배 멜. 아잉(안) 람 싸오 테
Hôm nay trông anh có vẻ mệt. Anh làm sao thế?

Min-soo

벙, 또이 비 깜 뜨 또이 홈 꾸아
Vâng, tôi bị cảm từ tối hôm qua.

버이 아. 아잉(안) 으옹 투옥 쯔어
Vậy à? Anh uống thuốc chưa?

또이 쯔어 우옹 트옥
Tôi chưa uống thuốc.

버이 저 아잉(안) 깜 터이 쫑 응어이 테 나오
Bây giờ anh cảm thấy trong người thế nào?

또이 터이 다우 더우 바 쏱 또안 턴
Tôi thấy đau đầu và sốt toàn thân.

네우 버이 티 아잉(안) 파이 디 벤 비엔 냐잉(냔)
Nếu vậy thì anh phải đi bệnh viện nhanh,
로이(=조이) 베 냐 응이 응어이 텉 니에우
rồi về nhà nghỉ ngơi thật nhiều.
또이 몽 아잉(안) 쫑 코애
Tôi mong anh chóng khỏe.

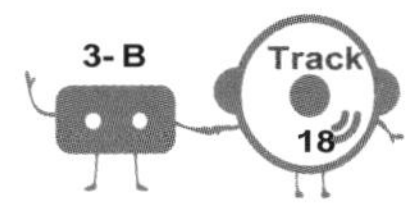

짱	오늘 피곤해 보이네요. 무슨 일 있나요?
민수	예, 어제 저녁부터 감기에 걸렸어요.
짱	그래요? 약은 먹었어요?
민수	아니오, 아직 먹지 않았어요.
짱	지금 몸 상태는 어떠세요?
민수	머리가 매우 아프고, 온 몸에 열이 조금 나요.
짱	그렇다면 빨리 병원에 가야겠군요. 그리고 집에 가서 푹 쉬세요. 빨리 낫기를 바랄게요.

단어

□ hôm nay	홈나이	오늘	□ đầu	더우	머리
□ trông	쫑	보이다	□ và	바	그리고, ~하고
□ có vẻ	꼬 배	~인 것 같다	□ sốt	쏟	열이 나다
□ mệt	멭	피곤하다	□ toàn thân	토안 턴	온몸
□ từ	뜨	~부터	□ nếu vậy thì~	네우 바이 티~	그러면
□ hôm qua	홈 꾸아	어제	□ nhanh	냐잉(냔)	빠르다
□ bị cảm	비 깜	감기에 걸리다	□ bệnh viện	벤 비엔	병원
□ thuốc	투옥	약	□ nghỉ ngơi	응이 응어이	쉬다
uống thuốc	으옹 투옥	약을 먹다	□ thật nhiều	텉 니에우	아주많이, 푹
□ tối	또이	저녁	□ mong	몽	바라다, 기원하다
□ đau	다우	아프다	□ chóng	쫑	빨리

16 아주 쉬운 해설

1 hôm nay 오늘

일	그제	어제	오늘	내일	모레
베트남어	hôm kia 홈 끼아	hôm qua 홈 꾸아	hôm nay 홈 나이	ngày mai 응아이 마이	ngày kia 응아이 끼아

글피는 ngày kìa 응아이 끼아 이다. 

2 trông 과 xem 의 차이점

trông 쫑 은 보이다라는 뜻으로, 눈으로 알아차리는 것을 의미한다. xem 쌤 보다 와 구별해서 사용해야 한다. trông은 대개 có vẻ 꼬 배 와 함께 사용하는데 이 때는 ~처럼 보이다, ~하게 보이다라는 뜻이 된다.

쫑 아잉(안) 꼬 배 멛
Trông anh có vẻ mệt. 당신은 피곤해 보인다.

Trông anh의 순서를 바꾸어 Anh trông có vẻ mệt.이라고 해도 된다. 

옹 어이 쫑 럳(=젙) 코애
Ông ấy trông rất khỏe. 그는 매우 건강해 보인다.

3 từ~ đến~ ~부터 ~까지

tù 뜨 ~ đến 덴 ~는 ~부터 ~까지라는 뜻으로 시간이나 지점의 출발점과 도착점을 나타낸다.

예 또이 디 혹 뜨 트 하이 덴 트 싸우
Tôi đi học tù thú hai đến thú sáu.
나는 월요일부터 금요일까지 공부하러 간다.

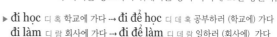

đến 오다, về 돌아오다, ra 외출하다 등의 동사는 동사의 앞에 đi 가다가 올 수가 있다. 이 때, 그 의미에 주의해야 하는데 동사의 의미, 즉 목적을 강조하기 위해서는 동사 사이에 để를 넣는다.

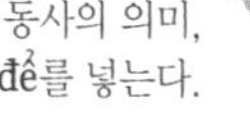

▶ đi học 디 혹 학교에 가다 ⟶ đi để học 디 데 혹 공부하러 (학교에) 가다
đi làm 디 람 회사에 가다 ⟶ đi để làm 디 데 람 일하러 (회사에) 가다

또이 더이 아잉(안) 뜨 하이 저 찌에우 덴 버이 저
Tôi đợi anh tù hai giờ chiều đến bây giờ.
나는 당신을 (오후)2시부터 지금까지 기다렸다.

4 thấy ~ 생각하다, 느끼다

thấy 터이 는 생각하다, 느끼다의 뜻으로, thấy ~thế nào 터이 ~테 나오는 ~은 어떻습니까? (어떻게 생각합니까?)라는 의미이다.

예 아잉(안) 터이 쫑 응어이 테 나오
Anh thấy trong người thế nào?
몸은 어떠세요? (당신은 몸 안을 어떻게 생각합니까?)

또이 터이 다우 붕
Tôi thấy đau bụng. 배가 아파요. (저는 배가 아픔을 느껴요.)

▶ đau bụng 다우 붕 배가 아프게 느끼다

몸으로 느끼는 다양한 표현

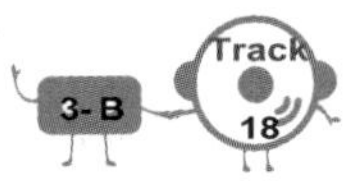

비 옴
북 bị ốm
비 벤
남 bị bệnh 상태가 좋지 않다

비 깜
bị cảm 감기 걸리다

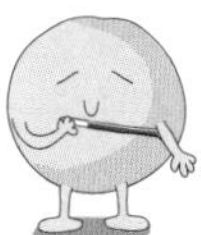

비 쏱
bị sốt 열이 있다

비 싸이 쌔
bị say xe 차멀미하다

비 쪼앙 방
bị choáng váng 어지럽다

비 멧
bị mệt 피곤하다, 힘이 없다

5 수동

베트남어의 수동은 3가지의 표현이 있다.

được (드억) 긍정의 수동적 의미로 주어가 (말하는 이의 평가에 따라) 좋은 어떤 것을 물려받는 등의 이익이나 행복한 느낌의 의미를 나타낸다.

투언 싸우 또이 드억 응이 혹
예 Tuần sau tôi được nghỉ học.
다음주에 휴강입니다. 수업을 하지 않아 즐거운 표현

▸ tuần sau 뚜언 싸우 다음주
nghỉ 응이 쉬다

또이 드억 매 쪼 띠엔
Tôi được mẹ cho tiền.
나는 어머니에게 돈을 받았다. 돈을 받아서 즐거운 표현

▸ cho tiền 쪼 띠엔 돈을 주다

bị
비

부정의 수동적 의미로 주어가 일의 동작이 좋지 않거나, 피해, 좋지 않은 느낌의 의미를 나타낸다.

또이 비 깜
예 Tôi bị cảm. 나는 감기에 걸렸어요.

아잉(안) 어이 비 까잉(깐) 쌋 팓
Anh ấy bị cảnh sát phạt. 그는 경찰에게 벌금을 물었어요.

▸ cảnh sát 까잉(깐) 쌋 경찰
phạt 팓 벌금

do
조

이익도 피해도 아닌 중립의 경우, do를 사용한다.

바이 바오 나이 조 퐁 비엔 나오 비엩
예 Bài báo này do phóng viên nào viết?
이 기사는 어느 기자에 의해 씌어졌나요?

▸ bài báo 바이 바오 기사
phóng viên 퐁 비엔 journalist

베트남에서 통하는 회화따라하기

여러가지 신체표현

Tôi bị đau đầu.
또이 비 다우 더우

머리가 아픕니다.

▶ đau 다우 아프다
đầu 더우 머리

Tôi bị đau cổ.
또이 비 다우 꼬

목이 아픕니다.

▶ cổ 꼬 목

Hình như tôi bị cảm.
힝 뉴 또이 비 깜

감기에 걸린 것 같습니다.

▶ hình như 힝 뉴 ~인 것 같다

Cho tôi thuốc cảm.
쪼 또이 트옥 깜

감기약 주세요.

▶ thuốc 트옥 약
cảm 깜 감기

Toàn thân tôi đau nhức.
또안 턴 또이 다우 늑

온몸이 쑤십니다.

▶ toàn thân 토안 턴 온몸
nhức 늑 쑤시다

Tôi thấy lạnh trong người.
또이 터이 라잉(란) 쫑 응어이

몸 안에 한기가 납니다.춥습니다.

▶ người 응어이 신체, 몸
lạnh 라잉(란) 춥다 ↔ nóng 농 덥다

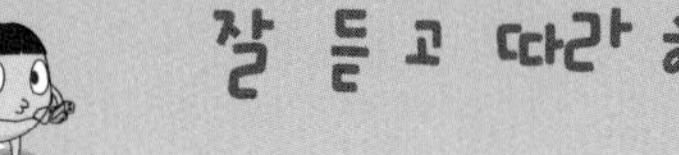

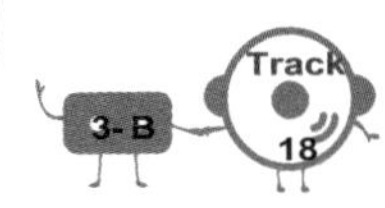

2

Để tôi chẩn đoán bệnh.
데 또이 쩐 도안 벤
자, 진찰해 봅시다.

▸ để 데 ~하도록
chẩn đoán 쩐 도안 진찰하다
bệnh 벤 병

Xin đừng lo. Sẽ chóng khỏi thôi.
씬 등 로. 쌔 쫑 코이 토이
걱정하지 마십시오, 곧 낫습니다.

▸ lo 로 걱정하다
sẽ 쌔 ~할 것이다
chóng 쫑 곧
khỏi 코이 병이 낫다.

Đầu tiên, hãy nằm thẳng người.
더우 띠엔, 하이 남 탕 응어이
우선, 똑바로 누우세요.

▸ nằm 남 눕다
thẳng 탕 똑바로

Uống thuốc sau khi ăn. / trước khi ăn.
으옹 트옥 싸우 키 안/쯔억 키 안
이 약은 식후에 / 식전에 드십시오.

▸ sau khi ăn 싸우 키 안 식후
trước khi ăn 쯔억 키 안 식전

Một ngày uống 3 lần.
몯 응아이 으옹 바 런
1일 3회 드세요.

Anh phải tiêm để nhanh khỏi bệnh.
아잉(안) 파이 띠엠 데 냐잉(냔) 코이 벤
빨리 나으려면 주사를 맞아야만 합니다.

▸ lần 런 ~회

▸ bệnh 벤 병

북 tiêm 띠엠 주사
남 chích 찍 주사
nhanh 냐잉(냔) 빠르다, 빨리

잘 듣고 따라 해 보세요~

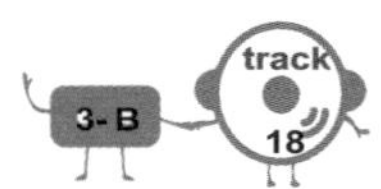

신체

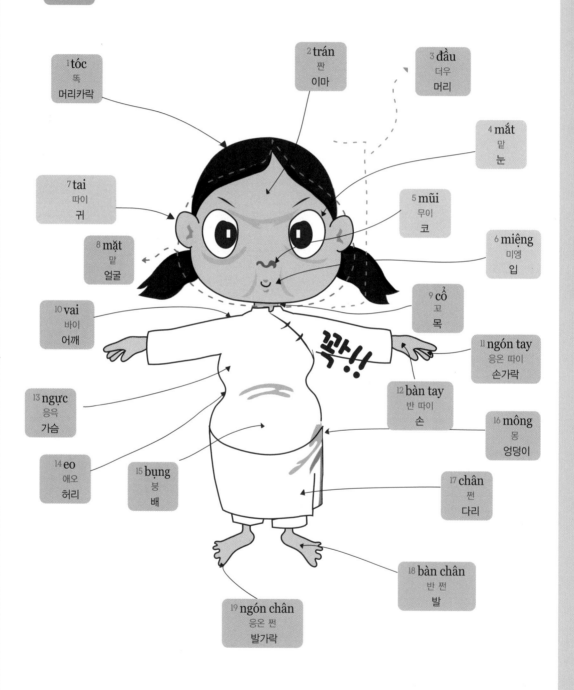

1 tóc
똑
머리카락

2 trán
짠
이마

3 đầu
더우
머리

4 mắt
맏
눈

5 mũi
무이
코

6 miệng
미엥
입

7 tai
따이
귀

8 mặt
맏
얼굴

9 cổ
꼬
목

10 vai
바이
어깨

11 ngón tay
응온 따이
손가락

12 bàn tay
반 따이
손

13 ngực
응윽
가슴

14 eo
애오
허리

15 bụng
붕
배

16 mông
몽
엉덩이

17 chân
쩐
다리

18 bàn chân
반 쩐
발

19 ngón chân
응온 쩐
발가락

꽉!!

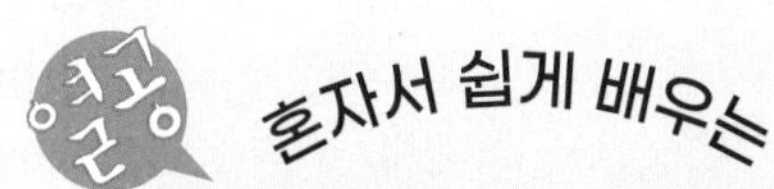

베트남어 단어장

베트남어 전문 출판사 Digis

www.donginrang.co.kr

ㄱ

가게	cửa hàng	끄어 항
가격	giá cả	자 까
가격	giá tiền	자 띠엔
가격을 내리다	giảm giá	잠 자
가까이 가다	tới gần	떠이 건
가깝다	gần	건
가끔	hiếm khi	히엠 키
가난하다	nghèo	응애오
가능	được, khả năng	드억, 카 낭
가다	đi	디
가르치다	dạy	자이 (야이)
가르키다	chỉ ra	찌 라(=자)
가방	túi	뚜이
	túi xách	뚜이 싸익(삭)
	cái giỏ xách	까이 조 싸익(삭)
가볍다	nhẹ	내
가사歌詞	lời bài hát	러이 바이 핟
가수	ca sĩ	까 씨(시)
가스	gas	가스
가슴	ngực	응윽
가위	kéo	깨오
가을	mùa thu	무아 투
가져가다	đem đi	댐 디
가져오다	đem đến	댐 덴
가족	gia đình	자(야) 딩
간	gan	간_肝
간장	nước tương	느억 뜨엉
간지럽다	ngứa	응으아
간호사	y tá	이 따
갈아입다 옷을	thay áo	타이 아오
감각	cảm giác	깜 작
감기	bệnh cảm	벤 깜
감기약	thuốc cảm	투옥 깜
감독	quản đốc	꾸안 독
감보디아	Campuchia	깜뿌찌아
감사하다	cảm ơn	깜 언
감상	cảm tưởng	깜 뜨엉
감자	khoai tây	코아이 떠이
감정	tình cảm	띵 깜
갑자기, 돌연히	đột nhiên	돋 니엔
강도	cướp	끄업
강제하다	ép buộc	엡 부옥
같다	bằng nhau, giống	방 냐우, 죵
같이	cùng với	꿍 버이
갚다돈을	trả tiền	짜 띠엔
개	con chó	꼰 쪼
개구리	ếch	에익
개성적	độc lập	독 럽
개인	cá nhân	까 년
거리	khoảng cách	코앙 까익(깍)
거울	gương	그엉
거의, 대부분의	hầu hết	허우 헫
거주하다	lưu trú	르우 쭈
거짓말하다	nói dối	노이 조이
걱정되다	lo lắng	로 랑
건강하다	khỏe	코애
	mạnh	마잉(만)
	sức khỏe	쓱(슥) 코애
건물	tòa nhà	또아 냐
건축	kiến trúc	끼엔 쭉
건축하다,설계하다	xây dựng	써이(서이) 중(융)
걸어서 가다	đi bộ	디 보
검사하다	kiểm tra	끼엠 짜
검정색	đen	댄
겉모습	vẻ ngoài	배 응오아이
겉모습	bề ngòai	베 응오아이
게	con cua	꼰 꾸아
게임, 놀이	trò chơi	쪼 쩌이
겨울	mùa đông	무아 동
견디다	nhẫn nại	년 나이
결과	kết quả	껟 꾸아
결점, 단점	khuyết điểm	꾸위엗 디엠
결정하다	quyết định	꾸위엗 딩
결혼식	đám cưới	담 끄어이
결혼하다	kết hôn	껟 혼
경기	cuộc thi đấu	끄옥 티 다우
경비	chi phí	찌 피
경영	kinh doanh	낑 조아인(조안)

경우	trường hợp	쯔엉 헙
경쟁하다	cạnh tranh	까잉(깐) 짜인(짠)
경제	kinh tế	낑 떼
경찰	cảnh sát	까잉(깐) 쌋(삿)
경험	kinh nghiệm	낑 응이엠
계란	trứng	쯩
계산적이다	tính toán	띵 또안
계산하다	tính tiền	띵 띠엔
계속하다	tiếp tục	띠엡 뚝
계약	hợp đồng	헙 동
계절	mùa	무아
계좌번호	số tài khoản	쏘(소) 따이 코안
계획	kế hoạch	께 호아익(호악)
고구마	khoai	코아이
고기	thịt	틷
고기구이	thịt nướng	틷 느엉
고생	gian khổ	잔 코
고생하다	vất vả	벋 바
고속기차	tàu tốc hành	따우 똑 하잉(한)
고속도로	đường cao tốc	드엉 까오 똑
고양이	con mèo	꼰 매오
고의하다	cố ý	꼬 이
고전	cổ điển	꼬 디엔
고추	ớt	얻
고치다,수정하다	sửa chữa	쓰아(스아) 쯔어
고향	quê	꾸에
고혈압	cao huyết áp	까오 후위엘 앞
곤충	côn trùng	꼰 쭝
공기	không khí	콩 키
공무원	viên chức	비엔 쯕
공부하다	học	혹
공산주의	chủ nghĩa cộng sản	쯔 응이아 꽁 싼(산)
공업	công nghiệp	꽁 응이엡
공원	công viên	꽁 비엔
공장	công trường	꽁 쯔엉
공장	nhà máy	냐 마이
공중전화	điện thoại công cộng	디엔 또아이 꽁 꽁
공평하다	công bằng	꽁 방
공항	sân bay	썬(선) 바이
공해	ô nhiễm	오 니엠
과거	quá khứ	꾸아 크
과일	hoa quả	호아 꾸아
과자	bánh kẹo	바잉 깨오
과학	khoa học	코아 혹
관계	quan hệ	꾸안 헤
관광	tham quan	탐 꾸안
관련있다	liên quan	리엔 꾸안
관리자	người quản lý	응어이 꾸안 리
광고하다	quảng cáo	꾸앙 까오
광장	quảng trường	꾸앙 쯔엉
괜찮다	không sao	콩 싸오(사오)
괴롭다	khổ sở	코 써(서)
교류	giao lưu	자오 르우
교실	lớp học	럽 혹
교육하다	đào tạo	다오 따오
	giáo dục	자오 죽(육)
교재	sách giáo khoa	싸익(삭) 자오 코아
교통	giao thông	자오 통
교통사고	tai nạn giao thông	따이 난 자오 통
교회	nhà thờ	냐 터
구걸하다	ăn mày	안 마이
구區	quận	꾸언
구름	mây	머이
구멍	lỗ	로
구별하다	phân biệt	펀 비엘
구역	khu vực	쿠 븍
국가國歌	quốc ca	꾸옥 까
국가國家	quốc gia	꾸옥 자
국경	biên giới	비엔 저이
국기國旗	quốc kì	꾸옥 끼
국립공원	công viên quốc gia	꽁비엔꾸억자
국적	quốc tịch	꾸억 떡
군대	quân đội	꾸언 도이
군인	quân nhân	꾸언 년
굽다 불에	nướng	느엉
권 책 세는 단위	cuốn	꾸온
권력	quyền lực	꾸위엔 러이
귀	tai	따이
귀국	về nước	베 느억
귀신	ma	마
귀신 이야기	chuyện ma	쭈위엔 마
귀엽다	dễ thương	제(예) 트엉
귀엽다/예쁘다	xinh	씽(신)

ㄱ

ㄱ

규정	quy định	꾸이 딩
규칙	quy tắc	꾸이 딱
그 때	lúc đó	룩 도
그 때	lúc nãy	룩 나이
그 후	sau đó	싸우(사우) 도
그 남자	anh ấy	아잉(안) 어이
그 he	nó	노
그것	cái đó	까이 도
그들	họ	호
그러나, 그런데	nhưng	능
그리고	và	바
그리다 그림을	vẽ tranh	배 짜잉(짠)
그림	bức tranh	븍 짜잉(짠)
그림엽서	bưu thiếp	브우 티엡
그만두다	ngưng	응응
그저께	hôm kia	홈 끼아
근거하다	căn cứ	깐 끄
금金	vàng	방
금방, 막	vừa	브아
금지	cấm	껌
급우 classmate	bạn học cùng	반 혹 꿍
급한 일	việc gấp	비엑 겁
기간	thời hạn	터이 한
기관	cơ quan	꺼 꾸안
기념	kỷ niệm	끼 니엠
기념일	ngày kỷ niệm	응아이 끼 니엠
기다리다	đợi	더이
기대하다	mong đợi	몽 더이
기독교	đạo tin lành	다오 띤 라잉(란)
기르다	nuôi dưỡng	누오이 즈엉(유엉)
기름	dầu	저우(여우)
기분	tâm trạng	떰 짱
기분 좋게	vui lòng	부이 롱
기분나쁘다	khó chịu	코 찌우
기생충	ký sinh trùng	끼 씽(신) 쭝
기숙사	ký túc xá	끼 둑 싸(사)
기술	kỹ thuật	끼 투얻
기술자	kỹ sư	끼 쓰(스)
기억하다	nhớ lại	녀 라이
기자	nhà báo	냐 바오
기초	sơ cấp	써(서) 껍
기침하다	ho	호
기회	cơ hội	꺼 호이
긴급	khẩn cấp	컨 껍
긴장하다	căng thẳng	깡 탕
길다	dài	자이(야이)
길道	đường	드엉
길을 잃다	lạc đường	락 드엉
깊다	sâu	써우(서우)
깨끗하다	sạch	싸익(삭)
꺼내다	lấy	러이
꽃	hoa	호아
꿀	mật ong	멀 옹
꿈	mơ ước	머 으억
	ước mơ	으억 머
꿈꾸다	nằm mơ	남 머
끓다	nấu	너우
끝나다	xong	쏭(송)
끝내다	kết thúc	껟 툭

ㄴ

나	tôi	또이
나가다	ra khỏi	라(=자) 코이
나무	cây	꺼이
나뭇잎	lá cây	라 꺼이
나비	con bướm	꼰 부엄
나쁘다	xấu	싸우(사우)
나쁜 감정, 반감	ác cảm	악 깜
나이	tuổi	뚜오이
나이트클럽	vũ trường	부 쯔엉
낙지	con bạch tuộc	꼰 바익(박) 뚜옥
낚시	câu cá	꺼우 까
날다	bay	바이
날씨	khí hậu	키 허우
	thời tiết	터이 띠엔
남동생	em trai	앰 짜이
남성, 남자	đàn ông	단 옹
남자	con trai	꼰 짜이
남쪽	phía nam	피아 남
남편	chồng	쫑
낭비하다	lãng phí	랑 피
낳다	đẻ	대
내기하다	cá cược	까 끄억
내년	sang năm	쌍(상) 남
내리다	xuống	쑤옹(수옹)
내용	nội dung	노이 중(융)
내일	ngày mai	응아이 마이
내장	ruột	주옫(루옫)
냉장고	tủ lạnh	뜨 라잉(란)
넓다	rộng	롱(=종)
넘어지다	ngã	응아
넣다	cho vào	쪼 바오
네덜란드	Hà Lan	하 란
노동	lao động	라오 동
노동자	công nhân	꽁 년
노동자	người lao động	응어이 라오 동
노래하다	hát	할
노력하다	cố gắng	꼬 강
노인	người già	응어이 자
녹음하다	ghi âm	기 엄
논	ruộng	루옹(=주옹)
논평하다	bình luận	빙 루언
놀다	chơi	쩌이
놀라다	ngạc nhiên	응악 니엔
놀러가다	đi chơi	디 쩌이
놀이터	khu vui chơi	쿠 부이 쩌이
농민	nông dân	농 전(연)
농업	nông nghiệp	농 응이엡
높다	cao	까오
뇌	não	나오
뇌물	hối lộ	호이 로
누구	ai	아이
누나, 언니	chị	찌
눈目	mắt	맏
눈물	nước mắt	느억 맏
눈雪	tuyết	뚜위엗
뉴스	tin tức	띤 뜩
느끼다	cảm thấy	깜 터이
느끼하다	chán ngấy	짠 응어이
늙다	cũ	꾸
능력	năng lực	낭 륵

ㄷ

다르다	khác	칵
다른 사람	người khác	응어이 칵
다리橋	cầu	꺼우
다리미	bàn là, bàn ủi	반 라, 반 우이
다리足	chân	쩐
다스dozen, 12	một tá	몯 따
다시 만나다	gặp lại	갑 라이
다음 번	lần sau	런 싸우(사우)
다이아몬드	kim cương	낌 끄엉
다이어트하다	ăn kiêng	안 끼엥
단어	từ	뜨
단정하다	đơn giản	던 잔
닫다	đóng	동
닫다 문을	đóng cửa	동 끄어
달1월, 2월..	tháng	탕
달하늘의 달	mặt trăng	맏 짱
달다	ngọt	응옫
달력	tờ lịch	떠 릭
달리다	chạy	짜이
닭	con gà	꼰 가
닭고기	thịt gà	틷가
담배	thuốc lá	트악 라
당뇨병	bệnh đái đường	벤 다이 드엉
당신들, 여러분	các bạn	깍 반
당연하다	tất nhiên	떧 니엔
대개	thông thường	통 트엉
대나무	cây tre	꺼이 쩨
대륙	đại lục	다이 룩
대만	Đài Loan	다이 로안
대머리	hói đầu	호이 더우
대변	đại tiện	다이 띠엔
대사관	đại sứ quán	다이 쓰(스) 꾸안
대신하다	thay thế	타이 테
대접하다	tiếp đãi	띠엡 다이
대통령	tổng thống	똥 통
대학교	đại học	다이 혹
대학생	sinh viên	씽(신) 비엔
대합실, 응접실	phòng chờ	퐁 쩌
대화	hội thoại	호이 토아이
더럽다	bẩn	번
던지다	ném	냄
덥다	nóng	농
도난	ăn cướp	안 끄업
도둑, 도둑질하다	ăn trộm	안 쫌
도마뱀	thạch sùng	타익(탁) 쑹(숭)
도망가다	trốn	쫀
도서관	thư viện	트 비엔
도시	đô thị	도 티
도와주다, 거들다	giúp	줍
도착하다	đến nơi	덴 너이
도쿄	Tokyo	또끼오
독신	độc thân	독 턴
독특	đặc sắc	닥 싹(삭)
독하다	độc	독
독학	tự học	뜨 혹
돈	tiền	띠엔
돌다	rẽ	래(=재)
돌보다	chăm sóc	짬 쏙(속)
돌아가다	về	베
돕다	giúp đỡ	줍 더
동기motivation	động cơ	동 꺼
동남아	Đông Nam Á	동 남 아
동물	động vật	동 벋
동방	Đông Phương	동 프엉
동봉하다	gửi kèm	그이 껨
동아	Đông Á	동 아
동전	tiền xu	띠엔 쑤(수)
동쪽	phía đông	피아 동
돼지	con lợn	꼰 런
돼지고기	thịt lợn	틷 런
되풀이하다	nhắc lại	냑 라이
두껍다	dày	자이(야이)
두부	đậu phụ	다우 푸
두통	đau đầu	다우 더우
둘, 2	hai	하이
둘 다 both	cả hai	까 하이
드물다	hiếm	히엠
듣다	nghe	응애

들어가다	đi vào	디 바오
등	lưng	릉
등록, 신청하다	đăng ký	당 끼
등록비	lệ phí	레 피
디비	tivi	띠비
디자인	thiết kế	티엩 께
따뜻하다	ấm áp	엄
따라하다	bắt chước, làm theo	밭 쯔억
딱딱하다	cứng	끙
딸기	dâu tây	저우(여우) 떠이
땀	mồ hôi	모 호이
땅	đất	덭
땅	lục địa	룩 디아
때리다	đánh	다잉(단)
떨어지다	rơi	러이(=저이)
…또는…	hay	하이
똑같이	giống nhau	좀 냐우
똑똑하다	khôn	콘
똑바로, 직진	thẳng	탕
똥	cứt	끝
뚱뚱하다	béo	배오
뜨거운 물	nước nóng	느억 농

ㄹ

라디오	radio	라디오
라면	mỳ ăn liền	미 안 리엔
러시아	Nga	응아
레몬	chanh	짜인(짠)
레스토랑	nhà hàng	냐 항
렌터카	xe thuê	쌔(새) 투에
렌트하우스	nhà cho thuê	냐 쪼 투에

ㅁ

마루	sàn nhà	싼(산) 냐
마르다반:뚱뚱하다	gầy	거이
마르다乾	khô	코
마시다	uống	우옹
마약	ma túy	마 뚜이
마을	làng	랑
마음	tấm lòng	떰 롱
마중 나가다	tiễn	띠엔
마지막	cuối cùng	꾸오이 꿍
마켓팅	tiếp thị	띠엡티
마피아	mafia	마피아
막내	con út	꼰 웉
만나다	gặp	갑
만万	vạn	반
만약~라면	nếu	네우
만원, 매진	hết chỗ	헽 쪼
만족하다	thỏa mãn	토아 만
만지다	sờ	써(서)
만화	truyện tranh	쭈위엔 짜인(짠)
많다	nhiều	니에우
말馬	con ngựa	꼰 응아
말을 잘하다	khéo mồm	캐오 몸
말하다	nói	노이
맛보다	nếm	넴
맛있다	ngon	응온
매일	mỗi ngày	모이 응아이
매춘	mại dâm	마이 점(염)
매춘녀	gái mãi dâm	가이 마이 점(염)
맥주	bia	비아
맨 몸	trần truồng	쩐 쭈옹
맵다	cay	까이
머리	đầu	다우
머리띠	kẹp tóc	껩똑
머리카락	tóc	똑
먹다	ăn	안
먹보식욕이 강하다	tham ăn	탐 안

ㅁ

먼지	bụi	부이
멀다	xa	싸(사)
메뉴 menu	thực đơn	특 던
면 라면, 당면…	mỳ	미
면도칼	dao cạo	자오(야오) 까오
면세	miễn thuế	미엔 투에
면세점	cửa hàng miễn thuế	끄어 항 미엔 투에
면적	diện tích	지엔 틱
명사	danh từ	자잉(얀) 뜨
명함	danh thiếp	자잉(얀) 티엡
몇	mấy	머이
모기	con muỗi	꼰 무오이
모두	mọi người	모이 응어이
모래	cát	깥
모르다	không biết	콩 비엩
모습	hình dáng	힝 장(양)
모자	mũ	무
모험하다	mạo hiểm	마오 히엠
목격자	nhân chứng	년 쯩
목마르다	khát	캍
목소리	giọng nói	종 노이
목적	mục đích	묵 딕
몸무게, 체중	cân nặng	껀 낭
몹시 귀찮다	rắc rối	작(락) 로이(조이)
못나다, 보기흉하다	xấu xí	싸우(사우) 씨(시)
무겁다	nặng	낭
무게를 재다	cân	껀
무대	sân khấu	썬(선) 커우
무덤	mả, mồ	마
무료	miễn phí	미엔 피
무섭다	sợ	써(서)
무엇	cái gì	까이 지
무역	thương mại	트엉 마이
무책임한 모양, 엉터리	cẩu thả	꺼우 타
	vô trách nhiệm	보 짜익 념
무효	vô hiệu	보 히에우
묶어 놓다, 연결하다	buộc	부옥
문	cửa	끄어
문법	ngữ pháp	응어 팝
문을 열다	mở cửa	머 끄어
문자	chữ	쯔
문장	câu văn	꺼우 반
문제	vấn đề	번 데
문학	văn học	반 혹
물	nước	느억
물가	vật giá	벋 자
물건	đồ	도
물방울	giọt sương	좁 쓰엉(스엉)
미국	Mỹ	미
미끄럽다	trượt	쯔엍
미래	tương lai	뜨엉 라이
미술	mỹ thuật	미 투엍
미용실	thẩm mỹ viện	탐 미 비엔
미용실	viện thẩm mỹ	비엔 탐 미
미원	mì chính	미 찐
민족	dân tộc	전(연) 똑
민족춤	múa dân tộc	무아 전(연) 똑
민주주의	chủ nghĩa dân chủ	쯔 응이아 전(인) 쯔
믿다	tin	띤
밀가루	bột mì	볻 미
밉다, 싫다	ghét	갵

바꾸다	đổi	도이
바나나	chuối	쭈오이
바다	biển	비엔
바람	gió	조
바보, 멍청하다	ngu xuẩn	응우 쑤언(수언)
바쁘다	bận	번
바지	quần	꾸언
박물관	bảo tàng	바오 땅
박스box	thùng	퉁
반	một nửa	몯 느아
반갑게	vui mừng	부이 믕
반대하다	phản đối	판 도이
반도	bán đảo	반 다오
반지	nhẫn	년
반환하다	trả lại	짜 라이
발견하다	khám phá	캄 파
발음	phát âm	팓 엄
발톱	móng	몽
밝다	sáng	쌍(상)
밥	cơm	껌
방	phòng	퐁
방귀	rắm	잠(람)
방문자	khách tham quan	카익(칵) 탐꾸안
방문하다	thăm	탐
방법	phương pháp	프엉 팝
방향	phương hướng	프엉 흐엉
배고프다	đói bụng	도이 붕
배부르다	no	노
배신하다	phản bội	판 보이
배우	diễn viên	지엔(위엔) 비엔
배터리	pin	핀
배편船便	bờ biển	버 비엔
백금	bạch kim	바익(박) 낌
백화점	cửa hàng tổng hợp	끄어 항 똥 헙
뱀	con rắn	꼰 잔(란)
버리다	vứt	븓
버스	xe buýt	쌔(새) 부읻
버스 정류장	bến xe	벤 쌔(새)
버터	bơ	버
번역하다	biên dịch	비엔 직(윅)
범위	phạm vi	팜 비
범인	phạm nhân	팜 년
법률	pháp luật	팝 루얻
벗다	cởi	꺼이
베개	gối	고이
베트남	Việt Nam	비엗 남
베트남어	tiếng Việt Nam	띠엥 비엗 남
벨트	thắt lưng	탙 릉
벽	tường	뜨엉
변경하다	thay đổi	타이 도이
변비	táo bón	따오 본
변상하다	đền bù	덴 부
변호사	luật sư	루얻 쓰(스)
변호하다	biện hộ	비엔 호
별	sao	싸오(사오)
병	chai	짜이
병 원	bệnh viện	벤 비엔
병病	bệnh	벤
병을 진단하다	khám bệnh	캄 벤
보고싶다	nhớ	너
보내는 사람	người gửi	응어이 그이
보내다	gửi	그이
보다	xem	쌤(샘)
보상	bồi thường	보이 트엉
보석	đá quý	다 꾸이
보여주다	cho xem	쪼 쌤(샘)
보증금을 내다	đặt cọc	닫 꼭
보증인	người bảo lãnh	응어이 바오 라잉(란)
보증하다	bảo lãnh	바오 라인
보통	bình thường	빙 트엉
보험	bảo hiểm	바오 히엠
보험회사	công ty bảo hiểm	꽁 띠 바오 히엠
보호하다	bảo hộ	바오 호
복숭아	đào	다오
복숭아 꽃	hoa anh đào	호아 아잉(안) 다오
복잡하다	phức tạp	픅땁
봄	mùa xuân	무아 쑤언(수언)
봉투	phong bì	퐁 비

ㅂ

부끄럽다	xấu hổ	써우(서우) 호
부동산	bất động sản	벋 동 벋싼(산)
부드럽다	mềm	멤
부럽다	ghen tị	갠 띠
부르다	gọi	고이
부모	bố mẹ	보 매
부부	vợ chồng	버 쫑
부분	bộ phận	보 펀
부엌	nhà bếp	냐 벱
부자	giàu	자우
부재중	đi vắng	디 방
북쪽	miền bắc	미엔 박
분시간	phút	풋
분야	ngành	응안
불	lửa	르아
불교	Phật giáo	펕 자오
불법체류	lưu trú bất hợp pháp	르우 쭈 벋 헙 팝
불상	tượng phật	뜨엉 펕
불쌍하다	tội nghiệp	또이 응이엡
불안하다	bất ổn	벋 온
불쾌하다	khó chịu	코 찌우
불편하다	bất tiện	벋 띠엔
불행하다	bất hạnh	벋 하잉(한)
불효하다	bất hiếu	벋 히에우
붐이 일다	bùng nổ	붕 노
붕대	băng dính , băng keo	방 진(윈), 방 께오
브랜디	rượu mạnh	(즈어우)르어우 마잉(만)
브러쉬	bàn chải	반 짜이
비	mưa	므아
비교	so sánh	쏘(소) 싸인(산)
비누	xà phòng	싸(사) 퐁
비디오테이프	băng video	방 비디오
비밀번호	mã số	마 쏘(소)
	mật khẩu	멑카우
비싸다	đắt	닫
비옷	áo mưa	아오 므아
비우다	bỏ trống	보 쫑
비정상적이다	bất thường	벋 트엉
비행기	máy bay	마이 바이
비행기표	vé máy bay	배 마이 바이
빈혈	thiếu máu	티에우 마우
빌려주다	cho mượn	쪼 므언
	cho vay	쪼 바이
빌리다	mượn	므언
	thuê	투에
빌리다돈을	vay	바이
빛, 광선	ánh sáng	아잉(안) 쌍(상)
빠르다	nhanh	냐인(냔)
빨강	đỏ	도
빨래하다	giặt	잗
빵, 케이크	bánh	바잉(반)
빵집	cửa hàng bánh	끄어 항 바잉(반)
뼈	xương	쓰엉(스엉)
뾰루지	nhọt	놑
뿌리다	than	탄

ㅂ

사거리	ngã tư	응아 뜨
사계절	bốn mùa	본 무아
사고	tai nạn	따이 난
사과	táo	따오
사다	mua	무아
~사람	người	응어이
사람이 많다	đông người	동 응어이
사랑	tình yêu	띵 위에우
사랑하다	yêu	위에우
사립	dân lập	전(연)럽
사막	sa mạc	싸(사) 막
사무실	văn phòng	반 퐁
사실	sự thật	쓰(스) 텃
사업가	nhà doanh nghiệp	냐 조아인(요안) 응이엡
사용하다	sử dụng	쓰(스) 중(융)
사장님	giám đốc	잠 독
사전	từ điển	뜨 디엔
사진	ảnh	아잉(안)
사진사	người chụp ảnh	응어이 쭙 아잉(안)
사탕	đường	드엉
사투리	tiếng địa phương	띠엥 디아 프엉
사회	xã hội	싸(사) 호이
사회복지	phúc lợi xã hội	푹 러이 싸(사) 호이
산	núi	누이
산책하다	dạo phố	자오(야오) 포
산호	san hô	싼(산)호
살다	sống	쏭(송)
삶다	luộc	루옥
삼각	tam giác	땀 작
상금돈	tiền thưởng	띠엔 트엉
상인	thương nhân	트엉 년
상인, 물건파는사람	người bán hàng	응어이 반 항
상처	vết thương	벧 트엉
상하다음식	thiu	티우
새	con chim	꼰 찜
새롭다	mới	머이
새우	tôm	똠
색깔	màu	마우
샐러드	xà lách	싸(사) 라익(락)
생각	ý nghĩ	이 응이
생각하다	nghĩ	응이
생리, 월경	kinh nguyệt	낑 응 위옏
생리용품	băng vệ sinh	방 베 씽(신)
생산하다	sản xuất	싼(산) 쑤얼(수얼)
생선, 물고기	cá	까
생일	ngày sinh nhật	응아이 씽(신) 녇
생활	sinh hoạt	씽(신) 호앋
생활비	tiền sinh hoạt	띠엔 씽(신) 호앋
샤워하다	tắm	땀
샴푸	dầu gội đầu	자우(야우) 고이 더우
서두르다	gấp	겁
서류	giấy tờ	저이 떠
서명sign	ký tên	끼 뗀
서비스하는사람	người phục vụ	응어이 푹 부
서양사람	người phương Tây	응어이 프엉떠이
서점	hiệu sách	히에우 싸익(삭)
서쪽	phương Tây	프엉 떠이
선거하다	bầu cử	버우 끄
선물	quà	꾸아
선물하다	quà tặng	꾸아 땅
선물하다	biếu	비에우
선생님	giáo viên	자오 비엔
선수	cầu thủ	꺼우 트
선택하다	lựa chọn	르어 쫀
설날	tết	뗃
설명하다	giải thích	자이 틱
섬	hòn đảo	혼 다오
성격	tính cách	띵 까익(깍)
성경bible	Kinh thánh	낑 타잉(탄)
성공하다	thành công	타잉(탄) 꽁
성별	giới tính	저이 띵
성 省(베트남의 지방, 지역)	tỉnh	띵
성장하다	tăng trưởng	땅 쯔엉
성적	thành tích	타잉(탄) 띡
세계	thế giới	테 저이
세기	thế kỷ	테 끼
세다	đếm	뎀

셋, 3	ba	바
셔츠	áo sơ mi	아오 써(서) 미
소	con bò	꼰 보
소개	giới thiệu	저이 티에우
소고기	thịt bò	틷 보
소금	muối	무오이
소녀	thiếu nữ	티에우 느
소년	thiếu niên	티에우 니엔
소매치기	kê móc túi	께 목 뚜이
소박하다	chân chất	쩐 쩓
소설	tiểu thuyết	띠에우 투위엗
소설	tìm	띰
소유자	người sở hữu	응어이 써(서) 흐우
소중하다	quý	꾸이
속도	tốc độ	똑 도
속옷	quần áo lót	꾸언 아오 롣
속이다	lừa	르아
손가락	ngón tay	응온 따이
손님	khách	카익(칵)
손수건	khăn tay	칸 따이
손자	con cháu	꼰 짜우
손톱	móng	몽
손해	thiệt hại	티엘 하이
쇠	thép	텝
쇼핑	mua sắm	무아 쌈(삼)
수건	khăn mặt	칸 맏
수도	thủ đô	트 도
수상首相	thủ tướng	트 뜨엉
수술	phẫu thuật	퍼우 투얻
수염	râu	러우(=저우)
수영복	áo tắm	아오 땀
수영하다	bơi	버이
수입	thu nhập	투 녑
수정하다, 고치다	điều chỉnh	디에우 찐
수준	tiêu chuẩn	띠에우 쭈언
수줍다	ngại	응아이
수출	xuất khẩu	쑤얻 (수얻) 커우
수학	toán học	또안 혹
숙제	bài tập	바이 떱
순결하다	thuần khiết	투언 키엘
숟가락	thìa	티아
술	rượu	르어우(=즈어우)
숨기다	giấu	저우
숫자	con số	꼰 쏘(소)
숫자, 번호	số	쏘(소)
숲	rừng	릉(=중)
쉬다	nghỉ	응이
쉬다	nghỉ ngơi	응이 응어이
쉽다	dễ	제(예)
슈퍼마켓	siêu thị	씨에우(시에우) 티
스위스	Thụy Sĩ	투위 씨(시)
스페인	Tây Ban Nha	따이 반 냐
스페인	Bồ Đào Nha	보 다오 냐
스포츠	thể thao	테 타오
슬리퍼	dép	댑(얩)
슬프다	buồn	브온
습관	tập quán	떱 꾸안
습기	độ ẩm	도 엄
승객	hành khách	하잉(한) 카익(칵)
시간	giờ	저
시간	thời gian	터이 잔
시간에 맞다	kịp	낍
시계	đồng hồ	동 호
시골	vùng quê	붕 꾸에
시끄럽다	ồn	온
시다	chua	쭈아
시스템	hệ thống	헤 통
시市	thành phố	타잉(탄) 포
시詩	thơ	터
시원하다	mát	맏
시작하다	bắt đầu	받 더우
시장市場	chợ	쩌
시진을 뽑다	rửa ảnh	즈아(르아) 아잉(안)
시험	thi	티
시험해보다	thử	트
식당	phòng ăn	퐁 안
식물	thực vật	특 벋
식사	bữa ăn	브아 안
신경	thần kinh	턴 낑
신기하다, 이상하다	kỳ lạ	끼 라
신뢰하다	tin cậy	띤 꺼이
신문	tờ báo	떠 바오

ㅅ

신발	giầy	저이
신발가게	hiệu giầy	히에우 저이
신부	cô dâu	꼬 저우(여우)
신비하다	huyền bí	후위엔 비
신선	tươi	뜨어이
신용카드	thẻ tín dụng	테 띤 중(융)
신장	thận	턴
신체	thân thể	턴 테
실례하다	thất lễ	텃 레
실수하다	phạm lỗi	팜 로이
실업하다	thất nghiệp	텃 응이엡
실제로	thực tế	특 떼
실패하다	thất bại	텃 바이
실험하다	xét nghiệm	쎗(셋) 응이엠
심장	trái tim	짜이 띰
십, 10	mười	므어이
싸다	rẻ	래(=재)
싸우다,말싸움하다	cãi nhau	까이 냐우
쌀	gạo	가오
썬크림	kem chống nắng	깸 쫑 낭
쓰다글씨를	viết	비엩
쓰다맛이	đắng	당
쓰레기	rác	작(락)
쓰레기통	thùng rác	퉁 작(락)
씻다얼굴을	rửa mặt	르어(즈어) 맡

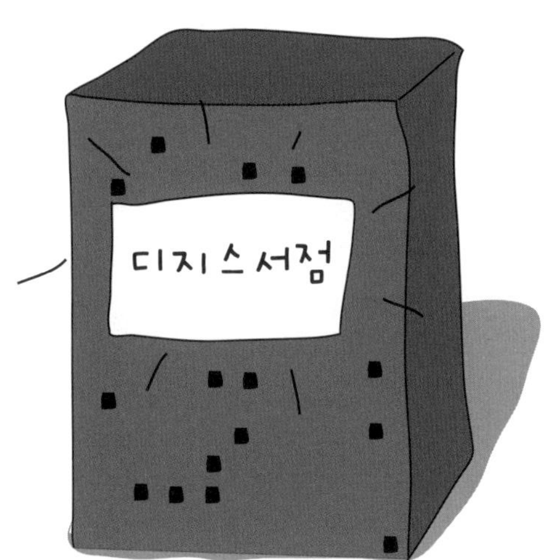

아기	em bé	앰 배
아내	vợ	버
아는 사이	quen	꾸엔
아름다운 경치	cảnh đẹp	까잉(깐) 뎁
아마…	có lẽ	꼬 래
아버지	bố	보
아쉽다, 아깝다	tiếc	띠엑
아시아	Châu Á	짜우 아
아오자이	áo dài	아오 자이(야이)
아이디어	sáng kiến	쌍(상) 끼엔
아이디어	ý kiến	이 끼엔
아이스커피	cà phê đá	까 페 다
아저씨	chú	쭈
아주 재미없다	chán ngắt	짠 응앝
아침	buổi sáng	부오이 쌍(상)
아침식사	bữa ăn sáng	브아 안 쌍(상)
아프다	đau	다우
아프다배가	đau bụng	다우 붕
아프리카	Châu Phi	짜우 피
악기	dụng cụ âm nhạc	둥 꾸 엄 냑
악어	cá sấu	까 써우(서우)
안개	sương mù	쓰엉(스엉) 무
안경	kính	낑
안과의사	bác sĩ khoa mắt	박씨(시)코아맡
안내원	hướng dẫn viên	흐엉 전(연) 비엔
안내하다	hướng dẫn	흐엉 전(연)
안녕하다/안녕하세요	xin chào	씬(신) 짜오
안다	ôm	옴
안마하다	xoa bóp	쏘아(소아) 봅
안심하다	yên tâm	위엔 떰
안약	thuốc nhỏ mắt	트억 뇨 맡
안전하다	an toàn	안 또안
앉다	ngồi	응오이
알다	biết	비엩
알려주다정보를	thông báo	통 바오
알아보다	nhận ra	년 라(=자)

ㅅ
ㅇ

암癌	bệnh ung thư	벤 웅 트
앞면	mặt trước	맏 쯔억
애국심	lòng yêu nước	롱 이에우 느억
애인	người tình	응어이 띵
야구	bóng chày	봉 짜이
야단치다	mắng	망
야채	rau	라우(=자우)
야채가게	cửa hàng bán rau	끄어 항 반 라우(=자우)
약	thuốc	트옥
약간	cắn	깐
약국	hiệu thuốc	히에우 트억
약속	hẹn	핸
약속	hứa hẹn	흐아 핸
약점, 결점, 단점	nhược điểm	느억 디엠
약하다	yếu	이에우
약혼하다	đính hôn	딩 혼
얇다	mỏng	몽
양	lượng	르엉
양력	dương lịch	즈엉(유엉) 릭
양말	tất	떧
양초	nến	넨
양파	hành tây	하잉(한) 떠이
어깨	vai	바이
어디에	ở đâu	어 더우
어려움을 겪다	gặp khó khăn	갑 코 칸
어렵다	khó	코
어른, 성인	người lớn	응어이 런
어린이	trẻ	째
어머니	mẹ	매
어울리다	hợp	헙
어울리다	hợp nhau	헙 냐우
어제	hôm nọ	홈 노
어제	hôm qua	홈 꾸아
어휘	từ ngữ	뜨 응으
언제	khi nào	키 나오
언제나, 항상	luôn luôn	루온 루온
얼굴	mặt	맏
얼다	đóng băng	동 방
얼마	bao nhiêu	바오 니에우
얼음	đá	다
엄격하다	nghiêm khắc	응이엠 칵
없다	không có	콩 꼬
에어컨	máy lạnh	마이 라잉(란)
여권	hộ chiếu	호 찌에우
여권번호	số hộ chiếu	쏘(소) 호 찌에우
여동생	em gái	앰 가이
여드름	mụn	문
여러가지	các loại	깍 로아이
여름	mùa hè	무아 해
여름 방학	nghỉ hè	응이 해
여보세요전화	Alô	알로
여성, 여자	đàn bà	단 바
여자	con gái	꼰 가이
여자친구	bạn gái	반 가이
여행	du lịch	주(유) 릭
여행사	công ty du lịch	꽁 띠 주 (유) 릭
여행자	người du lịch	응어이 주(유) 릭
역사	lịch sử	릭 쓰(스)
연구하다	nghiên cứu	응이엔 끄우
연극	kịch	끽
연기	khói	코이
연락하다	liên lạc	리엔 락
연못, 늪	ao	아오
연습하다	tập	떱
연예인	diễn viên	지엔(위엔) 비엔
연인	người yêu	응어이 위에우
연장	hoãn	호안
연장하다	gia hạn	자 한
연필	bút chì	붇 찌
열다	mở	머
열쇠	chìa khóa	찌아 코아
열심히	hết sức cố gắng	헫 쓱(슥) 꼬 강
열심히 하다	chăm chỉ	짬 찌
염색하다	nhuộm	누옴
염소	dê	제(예)
영, 0	không	콩
영국	Anh Quốc	아잉(안) 꾸옥
영사관	lãnh sự quán	란 쓰(스) 꾸안
영수증	hóa đơn	호아 던
영수증	biên lai	비엔 라이
영어	tiếng Anh	띠엥 아잉(안)

ㅇ

영웅	anh hùng	아잉(안) 훙
영원히	mãi mãi	마이 마이
영토	lãnh thổ	라잉(란) 토
영향	ảnh hưởng	아잉(안) 흐엉
영화관	rạp chiếu phim	잡(랍) 찌에우 핌
~에	ở	어
예문	ví dụ	비 주(유)
예쁘다	đẹp	뎁
예산	dự toán	주(유) 또안
예상	dự báo	주(유) 바오
예술	nghệ thuật	응에 투얻
예약하다	đặt trước	닫 쯔억
예전에 옛날…	ngày xưa	응아이 쓰아(수아)
예절바른 사람	ngoan	응오안
예정	dự định	주(유) 딩
오늘	hôm nay	홈 나이
오늘 오전	sáng nay	쌍(상) 나이
오다	đến	덴
오렌지	quả cam	꾸아 깜
오르다	lên	렌
오르다	tặng	땅
오른쪽	bên phải	벤 파이
오리	con vịt	꼰 빋
오빠, 형	anh trai	아잉(안) 짜이
오이	quả dưa chuột	꾸아 즈아(유아) 쭈옫
오일	dầu mo	저우(여우) 모
오징어	mực	믁
오토바이	xe máy	쌔(새) 마이
오해하다	hiểu lầm	히에우 럼
오후	buổi chiều	부오이 찌에우
옥수수	ngô	응오
온도	nhiệt độ	니엘 도
온화하다	ôn hòa	온 호아
올라가다	leo	래오
올해	năm nay	남 나이
옮기다	chuyển dời	쭈위엔 저이(여이)
옷 상의	áo	아오
완전	hoàn toàn	호안 또안
왕	vua	부아
왕복	khứ hồi	크 호이
왕복표	vé khứ hồi	배 크 호이

왜	tại sao	따이 싸오(사오)
왜냐하면	vì	비
외과	khoa ngoại	코아 응오아이
외교	ngoại giao	응오아이 자오
외국	ngoại quốc	응오아이 꾸옥
외국인	người nước ngòai	응어이 느억 응오아이
외동 딸, 아들	con một	꼰 몯
외롭다	cô đơn	꼬 던
외치다	la	라
왼쪽	bên trái	벤 짜이
요리사	đầu bếp	더우 벱
우리[상대방 포함]	chúng ta	쭝 따
우리[상대방포함하지않음]	chúng tôi	쭝 또이
우비	áo mưa	아오 므아
우연히	ngẫu nhiên	응어우 니엔
우울하다	u sầu	우 써우(서우)
우유	sữa	쓰어(스어)
우정	tình bạn	띵 반
우주	vũ trụ	부 쭈
우체국	bưu điện	브우 디엔
우체통	hộp thư	홉 트
우표	bưu phẩm	브우 펌
운동하다	vận động	번 동
운명	vận mệnh	번 멘
운송비	phí vận chuyển	피 반 쭈위엔
운전사	tài xế	따이 쌔(새)
운전자격증	bằng lái xe	방 라이 쌔(새)
운전하다	lái xe	라이 쌔(새)
울다	khóc	콕
울다새가, 소리를 내다	kêu	께우
움직이는 소리	tiếng động	띠엥 동
웃다	cười	끄어이
원망하다	oán giận	오안 전
원숭이	con khỉ	꼰 키
원자폭탄nuclear	bom nguyên tử	봄 응위엔 뜨
원하다	muốn	무온
월1월, 2월..	tháng	탕
월급	tiền lương	찌엔 르엉
위급하다	nguy kịch	응위 끽
위기	khủng hoảng	쿵 호앙
위대하다	vĩ đại	비 다이

위로하다	an ủi	안 우이
위반하다	vi phạm	비 팜
위생적이다	vệ sinh	베 씽(신)
위치	vị trí	비 찌
위험하다	nguy hiểm	응이 히엠
유럽	Châu Âu	짜우 아우
유머감각	hài hước	하이 흐억
유명하다	nổi tiếng	노이 띠엥
유적	di tích	지(위) 띡
유창하다 특히 언어	thông thạo	통 타오
유학생	lưu học sinh	르우 혹 씽(신)
유행하다	thịnh hành	틴 하잉(한)
유혹	hấp dẫn	헙 전(연)
은銀	bạc	박
은인	ân nhân	언 년
은행	ngân hàng	응언 항
은혜	ơn	언
음료수	đồ uống	도 우옹
음료수	nước ngọt	느억 응옫
음식	thức ăn	특 안
음식, 반찬	món ăn	몬 안
음악	nhạc	냑
음악	âm nhạc	엄 냑
음악, 노래	bài hát	바이 핫
음악CD	đĩa CD	디아 씨디
응급차	xe cấp cứu	쌔(새) 껍 끄우
의미	ý nghĩa	이 응이아
의사	bác sĩ	박 씨(시)
의자	ghế	게
이 곳	chỗ này	쪼 나이
이것	cái này	까이 나이
이기다	thắng	탕
이론	lý thuyết	리 투위엩
이르다	sớm	썸(섬)
이름	tên	뗀
이름과 성	họ tên	호 뗀
이메일 주소	địa chỉ e-mail	디아 찌 이메일
이메일e-mail	thư điện tử	트 디엔 뜨
이번	lần này	런 나이
이불	chăn	짠
이사하다	chuyển nhà	쭈위엔 냐

이상하다	kỳ cục	끼 꾹
이야기하다	nói chuyện	노이 쭈위엔
이용하다	lợi dụng	러이 중(융)
이유	lý do	리 조(요)
	nguyên nhân	응위엔 년
이齒	răng	랑(=장)
이인실2인실	phòng đôi	퐁 도이
이해하기 힘들다	khó hiểu	커 히에우
이해하다	hiểu	히에우
이해해주세요.	Thông cảm	통 깜
이혼하다	ly hôn	리 혼
인간	con người	꼰 응어이
인구	dân số	전(연) 쏘(소)
인도	Ấn Độ	안 도
인도네시아	In đo nê xia	인도네시아
인민	nhân dân	년 전(연)
인사	lời chào	러이 짜오
인상	ấn tượng	언 뜨엉
인쇄하다	in	인
인식하다	nhận thức	년 특
인종	nhân chủng	년 쭝
인터넷	Internet	인터넫
인형	búp bê	붑 베
일	công việc	꽁 비엑
일, 용무	việc làm	비엑 람
일日	ngày	응아이
일기	nhật ký	녇 끼
일본	Nhật Bản	녇 반
일본어	tiếng Nhật	띠엥 녇
일어나다	dậy	저이(여이)
일어나다	đứng lên	등 렌
일요일	chủ nhật	쭈 녇
일인실,1인실	phòng đơn	퐁 던
일주일	một tuần	몯 뚜언
일하다	làm	람
읽다	đọc	독
잃다	mất	멑
임무	nghĩa vụ	응이아 부
임신하다	có thai	꼬 타이
입	mồm	몸
입구	cổng	꽁

입국하다	nhập cảnh	녑 까잉(깐)
입다	mặc	막
입술	môi	모이
입학하다	nhập học	녑 혹
있다 가운데에	giữa trung tâm	즈아 쭝 떰
있다 앞에	trước	쯔억
있다 옆에	bên cạnh	벤 까잉(깐)
있다 근처에	gần đây	건 더이
있다 땅 밑에	dưới lòng đất	즈어이(으어이) 롱 닫
있다 밑에	dưới	즈어이 (으어이)
있다 안에	trong	쫑
있다 위에	trên	쩬
잊다	quên	꾸엔

자동	tự động	뜨 동
자동판매기	máy bán tự động	마이 반 뜨 동
자랑	tự hào	뜨 하오
자료	tài liệu	따이 리에우
자르다	cắt	깓
자르다 머리를	cắt tóc	깓 똑
자르다 반으로	chia cắt	찌아 깓
자매	chị em	찌 앰
자본가	nhà tư bản	냐 뜨 반
자본주의	chủ nghĩa tư bản	쭈 응이아 뜨 반
자식	con cái	꼰 까이
자신	mình	밍
자연	tự nhiên	뜨 니엔
자원	tài nguyên	따이 응위엔
자유	tự do	뜨 조(요)
자유좌석	ghế ngồi tự do	게 응오이 뜨 조(요)
자전거	xe đạp	쌔(새) 답
작년	năm ngoái	남 응오아이
작다	nhỏ	뇨
	thấp	텁
작은 배	thuyền	투위엔
잔	ly	리 〈남부〉
잔돈	tiền thừa	띠엔 트아
잔디	trả góp	짜 곱
잘 못 하다	kém	깸
잘 하다	giỏi	조이
잘난척하다	kiêu căng	끼에우 깡
잠그다 열쇠를	khóa	코아
잠옷	áo ngủ	아오 응우
잠이 오다	buồn ngủ	부온 응우
잠자다	ngủ	응우
잡다	bắt	받
잡지	tạp chí	답 찌
장갑	bao tay	바오 따이
장난감	đồ chơi	도 쩌이
장남	trưởng nam	쯔엉 남

ㅈ

장녀	trưởng nữ	쯔엉 느
장례식	lễ tang	레 땅
장사하다	buôn bán	부온 반
장소	chỗ	쪼
장소	địa điểm	디아 디엠
장애인	người tàn tật	응어이 딴 떧
재능	tài năng	따이 낭
재미없다,심심하다	chán	짠
재미있다	hay	하이
잼	mứt	믇
저	kia	끼아
저것	cái kia	까이 끼아
저녁	tối	또이
저녁	buổi tối	부오이 또이
저녁식사	bữa ăn tối	브어 안 또이
적극적	tích cực	띡 끅
적다	ghi	기
적성	sở trường	써(서) 쯔엉
전공	chuyên môn	쭈위엔 몬
전기	điện	디엔
전기밥솥	nồi cơm điện	노이 껌 디엔
전언, 메모	lời nhắn	러이 냔
전쟁	chiến tranh	찌엔 짜잉(짠)
전체	toàn bộ	또안 보
전통	truyền thống	쭈위엔 통
전통음악	âm nhạc truyền thống	암 냑 쭈위엔 통
전화	điện thoại	디엔 또아이
전화	cuộc gọi	꾸옥 고이
전화를 걸다	gọi điện	고이 디엔
전화번호	số điện thoại	쏘(소) 디엔 또아이
절	chùa	쭈아
절대	tuyệt đối	뚜위엗 도이
점심	trưa	쯔어
점심시간	nghỉ trưa	응이 쯔어
점심식사	bữa ăn trưa	브어 안 쯔어
접시	đĩa	디아
젓가락	đũa	두아
젖다 물에	ướt	으얻
정거장	bến	벤
정도	khoảng	코앙
	mức độ	믁 도
정리하다	dọn dẹp	존(욘) 젭(옙)
정보	thông tin	통 띤
정부	chính phủ	찐 푸
정신	tinh thần	띵 턴
정신과	khoa thần kinh	코아 턴 낑
정신질환	bệnh tâm thần	벤 떰 턴
정육점	cửa hàng thịt	끄어 항 틷
정중함	lịch sự	릭 쓰(스)
정직	thật thà	텯 타
정직한 사람	người thật thà	응어이 텯 타
정치	chính trị	찐 찌
정치가	nhà chính trị	냐 찐 찌
정확하다	chính xác	찐 싹(삭)
제언하다	đề nghị	데 응이
제한	hạn chế	한 쩨
조개	con sò	꼰 쏘(소)
조건	điều kiện	디에우 끼엔
조금 적다	ít	읻
조상	tổ tiên	또 띠엔
조심	cẩn thận	껀 턴
조용하다	yên tĩnh	위엔 띵
조카	cháu	짜우
존경하다	kính trọng	낑 쫑
졸업하다	tốt nghiệp	톹 응이엡
좁다	hẹp	헵
좁다, 가늘다	mảnh	마잉(만)
종교	tôn giáo	똔 자오
종이	giấy	저이
좋다	tốt	똗
좋아하다	quý	꾸이
	thích	틱
좋은 향기	hương thơm	흐엉 텀
죄	tội	또이
죄송하다/미안하다	xin lỗi	(씬)신 로이
주고 받다 서로	trao đổi	짜오 도이
주다	cho	쪼
주소	địa chỉ	디아 찌
주식회사	công ty cổ phần	꽁 띠 꼬 펀
주의하다	chú ý	쭈 이
주週	tuần	뚜언
주차금지	cấm đỗ xe	껌 도 쌔(새)
주차장	bãi đỗ xe	바이 도 쌔(새)

주차하다	đỗ xe	도 쌔(새)
주제	chủ đề	쭈 데
죽	cháo	짜오
죽다	chết	쩻
죽이다	giết	젯
준비하다	chuẩn bị	쭈언 비
중국어	tiếng Trung Quốc	띠엥 쭝 꾸옥
중급	trung cấp	쭝 껍
종류	chủng loại	쭝 로아이
중심	trung tâm	쭝 떰
중요하다	quan trọng	꾸안 쫑
쥐	con chuột	꼰 쭈옫
즐겁다	vui vẻ	부이 배
증거	chứng cứ	쯩 끄
지각하다	đến muộn	덴 무온
지갑	ví	비
지구	địa cầu	디아 꺼우
지금	bây giờ	버이 저
지나가다	đi qua	디 꾸아
지도	bản đồ	반 도
지독하다	khủng khiếp	쿵 키엡
지리	địa lý	디아 리
지식	tri thức	찌 특
지역	vùng	붕
지우다	xóa	쏘아(소아)
진실	thật	털
진주	ngọc	응옥
진행하다	tiến hành	띠엔 하잉(한)
질기다	bền	벤
질문하다	câu hỏi	꺼우 호이
질투하다	ghen	갠
집	nhà	냐
집사람	vợ	버
집안 일	việc nhà	비엑 냐
집안일하다	nội trợ	노이 쩌
집중	tập trung	떱 쭝
짜다	mặn	만
짧다	ngắn	응안
짐	hành lý	하잉(한) 리

차를 바꾸다	đổi xe	도이 쌔(새)
차茶	trà	짜
차車	xe ô tô	쌔(새) 오 또
착하다	hiền	히엔
참다, 견디다	chịu đựng	찌우 등
찹쌀	gạo nếp	가오 넵
찻잔	chén	쩬
창고	kho	코
창문	cửa sổ	끄어 쏘(소)
책	sách	싸익(삭)
책상	bàn	반
책을 읽다	đọc sách	독 싸익(삭)
책임이 있다	có trách nhiệm	꼬 짜익(짝) 니엠
처음	lần đầu tiên	런 더우 띠엔
처음으로	đầu tiên	더우 띠엔
천당	thiên đường	티엔 드엉
천만에	không có gì	콩 꼬 지
천만에요	không vấn đề gì	콩 번 데 지
천재	thiên tài	티엔 따이
천정	trần nhà	쩐 냐
천주교	Thiên Chúa giáo	티엔 쯔아 자오
천千	một nghìn	몯 응인
천천히	từ từ	뜨 뜨
청년	thanh niên	타잉(탄) 니엔
청소	dọn dẹp	존(욘) 젭(옙)
체크아웃하다	trả phòng	짜 퐁
체크인하다	thuê phòng	투에 퐁
초대	chiêu đãi	찌에우 다이
초조하다	sốt ruột	쏟(솓) 루옫(주옫)
촌스럽다	lỗi thời	로이 터이
총명하다, 머리가좋다	thông minh	통 밍
촬영금지	cấm chụp ảnh	껌 쭙 아잉(안)
추억	hồi ức	호이 윽
축구	bóng đá	봉 다
축일	ngày lễ	응아이 레
축제	lễ hội	레 호이

축제	liên hoan	리엔 호안
축하하다	chúc mừng	쭉 믕
출국	xuất cảnh	쑤얻(수얻) 까잉(깐)
출발	xuất phát	쑤얻(수얻) 팓
출산	sinh đẻ	씬(신) 대
출입구	cửa ra vào	끄어 라(=자) 바오
출판사	nhà xuất bản	냐 쑤얻(수얻) 반
출혈	chảy máu	짜이 마우
춤추다	nhảy múa	냐이 무아
춥다	lạnh	라잉(란)
충분하다	đủ	두
취미	sở thích	써(서) 틱
취소하다	bỏ	보
취하다술에	say rượu	싸이(사이) 르어우(=즈어우)
층	tầng	떵
치마	váy	바이
친구	bạn	반
친절하다	thân thiện	턴 티엔
친척	họ hàng	호 항
친한 친구	bạn thân	반 턴
침대	giường	즈엉
침착하다	bình tĩnh	빙 띵
칫솔	bàn chải đánh răng	반 짜이 다인(단) 랑(장)
칭찬하다	khen	캔

카드	thẻ	태
카메라	máy chụp ảnh	마이 쭙 아잉(안)
칼	con dao	꼰 자오(야오)
캐나다	Canada	까나다
커튼	rèm cửa	램(=잼) 끄어
커피	cà phê nóng	까 페 농
커피88	quán cà phê	꾸안 까 페
컴퓨터	máy vi tính	마이 비 띵
코끼리	con voi	꼰 보이
코코넛	cây dừa	꺼이 즈아(유아)
콘돔	bao cao su	바오 까오 쑤(수)
콘서트	buổi hòa nhạc	부오이 호아 냑
콜라	Coca cola	꼬까 꼴라
콧물	nước mũi	느억 무이
콩	đậu	더우
크다	to	또
큰아버지	bác	박
키스	hôn	혼
키우다	nuôi	누오이
킬로	kilogram	키로그램
킬로미터	kilomet	키로맽

ㅊ
ㅋ

태국	Thái Lan	타이 란
태도	thái độ	따이 도
태양	mặt trời	맏 쩌이
태우다	đốt	돋
태풍	bão	바오
택시	Taxi	딱씨
테니스	quần vợt	꾸언 벋
테이프	băng cát sét	방 깥 쎋(샏)
토마토	cà chua	까 쭈아
토하다	buồn nôn	부온 논
구역질	nôn	논
통장	tài khoản	따이 코안
퇴사하다	thôi việc	토이 비엑
퇴직하다	về hưu	베 흐우
투쟁하다	đấu tranh	저우 짜잉(짠)
튀기다	rán	란(잔)
튀기다	chiên	찌엔
트럭	xe tải	쌔(새) 따이
트럼프	chơi bài	쩌이 바이
특별하다	đặc biệt	닥 비엗
특산품	đặc sản	닥 싼(산)
특징	đặc trưng	닥 쯩
틀리다	nhầm	념
티슈	khăn giấy	칸 저이

ㅍ

파괴하다	phá	파
파괴하다	phá hoại	파 호아이
파랗다	xanh	싸잉(싼)
파리	con ruồi	꼰 루오이(=주오이)
파마	uốn tóc	우온 똑
파티	tiệc	띠엑
팔다 소매로	bán lẻ	반 래
팔다 싸게	bán rẻ	반 래(=재)
팔다	bán	반
패션	thời trang	터이 짱
팩스	fax	파쓰(파스)
펜 pen, pencil	bút	붇
편견	định kiến	딩 끼엔
편도	một chiều	몯 찌에우
편리하다	thuận tiện	투언 띠엔
편지	thư	트
평균	bình quân	빙 꾸언
평생	suốt đời	쑤옫(수옫) 더이
평화	hòa bình	호아 빙
포크	dĩa	지아(야)
포함되다	bao gồm	바오 곰
표현하다	biểu hiện	비에우 히엔
품질	chất lượng	쩓 르엉
풍경	phong cảnh	퐁 까잉(깐)
풍부하다	phong phú	퐁 부
피	máu	마우
피다 꽃이	nở	너
피부	da	자(야)
피부과	khoa da liễu	코아 자(야) 리에우
피아노	piano	피아노
피임하다	tránh thai	짜잉(짠) 타이
피하다	tránh	짜잉(짠)
필요없다	không cần	콩 껀
필요하다	cần	껀
	cần thiết	껀 티엗

ㅎ

하나	một	몯
하늘	trời	쩌이
하루	một ngày	몯 응아이
학교	trường	쯔엉
학생	học trò	혹 쪼
한 권	cuốn sách	꾸온 싸익(삭)
한 번	một lần	몯 런
한 번 더	một lần nữa	몯 런 느어
한가하다	rảnh rỗi	자잉(란) 로이(=조이)
한계	kỳ hạn	끼 한
한국	Hàn Quốc	한 꾸옥
할 수 없다	không thể	콩 테
할 수 있다	cóthể	꼬테
할머니	bà	바
할아버지	ông	옹
합격하다	đỗ	도
항공길	đường hàng không	드엉 항 콩
항구	cảng	깡
해결하다	giải quyết	자이 꾸위엘
해군	hải quân	하이 꾸언
해롭다	có hại	꼬 하이
해방하다	giải phóng	자이 퐁
~해서는 안 된다	không được	콩 드억
해야한다	phải	파이
해외	hải ngoại	하이 응오아이
핸드폰	điện thoại di động	디엔 토아이 지(이) 동
핸섬하다	đẹp trai	엡짜이
햇길	đường biển	드엉 비엔
행복	hạnh phúc	하잉(한) 푹
행운	vận may	번 마이
향	hương	흐엉
향과 맛	hương vị	흐엉 비
향수	nước hoa	느억 호아
허니문	tuần trăng mật	뚜언 짱 멀
헤어스타일	kiểu tóc	끼에우 똑
헤어지다	chia tay	찌아 따이
혀	lưỡi	르어이
혁명	cách mạng	까익(깍) 망
현대화	hiện đại hóa	히엔 다이 호아
현재	hiện tại	히엔 따이
혈압	huyết áp	후위엘 압
혈액형	nhóm máu	놈 마우
형제	anh em	아잉(안) 앰
호기심이 많다	tò mò	또 모
호랑이	con hổ	꼰 호
호박	quả bí	꾸아 비
호수	hồ	호
호주	Úc	욱
호텔	khách sạn	카익(칵) 싼(산)
혼자	một mình	몯 밍
홍콩	Hồng Kông	홍 꽁
화나다, 삐지다	giận	전
화려하다	rực rỡ	륵(=즉) 러(=저)
화장실	phòng vệ sinh	퐁 베 씽(신)
화장하다	trang điểm	짱 디엠
화학	hóa học	호아 혹
확신하다	tin tưởng	띤 뜨엉
확실하다	chắc chắn	짝 짠
환경	môi trường	모이 쯔엉
환경파괴	phá hoai môi trường	파 호아이 모이 쯔엉
환자	bệnh nhân	벤 넌
환전하다	đổi tiền	도이 띠엔
회계, 경리	kế toán	께 또안
회복하다	hồi phục	호이 푹
회사	công ty	꽁 띠
회사원	nhân viên công ty	년 번 꽁 띠
회원	hội viên	호이 비엔
회원증	thẻ hội viên	태 호이 비엔
회의	hội nghị	호이 응이
효과	hiệu quả	히에우 꾸아
효과가 있다	có hiệu quả	꼬 히에우 꾸아
효도하다	có hiếu	꼬 히에우
후추	hạt tiêu	할 띠에우
후회하다	hối hận	호이 헌
훌륭하다	xuất sắc	쑤얼(수얼) 싹(삭)
휴가	kỳ nghỉ	끼 응이
휴일, 쉬는 날	ngày nghỉ	응아이 응이
휴지	giấy vệ sinh	저이 베 씽(신)

ㅎ

흐르다	chảy	짜이
흐림	u ám	우 암
흐뭇하다	mỉm cười	밈 끄어이
희망하다	hy vọng	히 봉
희생	hy sinh	히 씽(신)
히터heater	máy sưởi	마이 쓰어이(스어이)
힌두교	đạo Hin-đu	다오 힌두

ㅎ